Sous Vide Mesterværker
Perfektioner Dit Kulinariske Håndværk

Anders Jørgensen

Bibliotek

Hønsekødssuppe 10
Løg Pomodoro Sauce 11
peberpuré 12
jalapeno krydderi 13
suppe 15
Basilikum hvidløgsskal 17
Honning og løg balsamico sauce 18
Tomatsovs 19
skaldyrsfond 20
fiske suppe 21
Sennep asparges sauce 22
plantebestand 24
Tabasco ost hvidløg Edamame 26
Urteærtepuré 27
Kartoffelmos i ovnen med salvie 28
Smørede asparges med timian og ost 30
Lækker pastinak med honningglasur 31
Tomatsandwich med flødeost 32
Rødbedesalat med cashewnødder og friskost 34
blomkål ost chili 36
Efterårsgræskarflødesuppe 38
Kartoffelselleri og porresuppe 40
Tranebær citrongrønkålssalat 42
Citrusmajs i tomatsauce 43

Ingefær Tamari rosenkål med sesam 45
rødbedesalat 47
Grønt hvidløg med mynte 49
Rosenkål i hvidvin 51
Rødbede- og gedeostsalat 52
Blomkålsbroccolisuppe 54
Smørærter med mynte 56
Rosenkål i sød sirup 57
Radiser med urteost 59
balsamicobraiseret kål 60
kogte tomater 61
Ratatouille 62
Tomatsuppe 64
ristede rødbeder 66
Aubergine lasagne 67
Svampesuppe 69
Vegetarisk risotto med parmesan 71
grøn suppe 72
blandet grøntsagssuppe 74
Ravioli med røget peber 76
Miso-ret lavet af quinoa og selleri 78
radise og basilikumsalat 80
peberblanding 81
Quinoa Gurkemeje Koriander 82
timian hvide bønner 83
Kartoffel- og persimmonsalat 84
sort peber 86

Grøntsagsdrueblanding 87
En skål med kikærter og myntesvampe 88
vegetabilsk caponata 90
Kogt mangold med citron 91
rodfrugtpuré 92
Kål og peberfrugt i tomatsauce 93
Sennepsmel med linser og tomater 94
Rispilaf med peberfrugt og rosiner 96
yoghurtsuppe 97
smøragtig sommersquash 99
Ingefærchutney med karry og nektariner 100
Rød kartoffel confiteret med rosmarin 102
Pærekarry og kokoscreme 103
Blød broccoli puré 104
Lækker dadel og mango pickle 105
Mandarin og grønne bønnesalat med valnødder 107
Grøn ærtecreme med kokos 108
Simpel broccoli puré 109
Rød peber broccolisuppe 110
Miso majs med nelliker, sesam og honning 112
Cremet gnocchi med ærter 114
honning og rucola salat 115
krabbe med citronsmørsauce 117
Nordlig hurtig laks 118
Lækker ørred med sennep og tamari sauce 119
Tun med sesamfrø og ingefærsauce 120
Himmelrulle med citron og hvidløg 122

Forkullet blæksprutte smagt til med citronsauce 124
Kreolske rejespyd 126
Rejer i en krydret sauce 128
Havblade med skalotteløg og estragon 129
Torsk med urteolie og citron 131
han fnyste med Beurre Nantais 133
tun flager 135
smør kammuslinger 136
mynte sardiner 137
Gylden med hvidvin 138
Laks og coleslaw med avocado 139
ingefær laks 141
Muslinger i frisk citronsaft 142
Tunbøffer marineret med krydderurter 143
krabbekager 145
chili te 147
Marineret havkatfilet 149
citron reje salsa 151
Sous Vide helleflynder 152
Citronsmørbund 154
basilikum torsk 155
simpel tilapia 156
laks med asparges 157
makrel karry 158
blæksprutte rosmarin 159
Stegte citronrejer 160
grillet blæksprutte 161

vild laksebøf 163
tilapia gryderet 164
Smør Chili Kylling 166
korianderørred 168
blæksprutteringe 169
Rejer og avocado salat 170
Smør havbrasen med citrus safransauce 172
Torskefilet med sesamskorpe 174
Cremet laks med spinat og sennepssauce 175
Peberrige muslinger med frisk salat 177
Krydrede muslinger med mango 179
Porre og rejer med sennepsvin 181
Kokos rejesuppe 183
Honning laks med soba nudler 185
Gourmet hummer med mayonnaise 187
reje cocktailparty 189
Urte citron laks 191
Saltet smør hummerhale 192
Thai laks med blomkål og ægnudler 193
Nem havaborre med dild 195
Frittata med sød peber og rejer 196
Frugtfulde thairejer 198
Dublin mad med citronrejer 200
Saftige muslinger med peber- og hvidløgssauce 202
Rejer med karrynudler 204
Cremet torsk med persille 205
Fransk laksegryde 207

Salvie laks med kokos kartoffelmos 208
Ung blæksprutteskål med dild 210
Saltet laks med hollandaisesauce 211

Hønsekødssuppe

Tilberedning + tilberedningstid: 12 timer 25 minutter | Måltider: 3

Materialer:

2 kg kylling, ethvert stykke - lår, bryst
5 glas vand
2 stilke selleri, hakket
2 hvide løg, finthakket

Instruktioner:

Start vandbadet, indsæt Sous Vide og sæt den til 194F. Fordel alle ingredienserne i 2 vakuumposer, fold toppen af poserne 2-3 gange. Lægges i et vandbad. Indstil timeren til 12 timer.

Når timeren stopper, fjern poserne og overfør ingredienserne til gryden. Kog ingredienserne ved høj varme i 10 minutter. Sluk for varmen og sigt. Brug bouillonen som suppebund.

Løg Pomodoro Sauce

Tilberedning + tilberedningstid: 30 minutter | Måltider: 4

Materialer

4 kopper tomater, halveret og frøet

½ løg, hakket

½ tsk sukker

¼ kop frisk timian

2 fed hvidløg, finthakket

Salt og peber efter smag

5 spiseskefulde olivenolie

Instruktioner:

Forbered en bain-marie og sæt den til Sous Vide. Indstil til 175F. Kom tomater, timian, hvidløg, løg og sukker i en vakuumpose. Blæs luften ud ved hjælp af vandfortrængningsmetoden, forsegl posen og nedsænk den i et vandbad. Bages i 15 minutter.

Når timeren stopper, fjern posen og overfør indholdet til en blender og blend i 1 minut, indtil det er glat. Drys peber på toppen.

peberpuré

Tilberedning + tilberedningstid: 40 minutter | Måltider: 4

Materialer:

8 røde peberfrugter uden kerner
⅓ kop olivenolie
2 spsk citronsaft
3 fed hvidløg, knust
2 spsk sød paprika

Instruktioner:

Forbered en bain-marie og sæt Sous Vide i den og indstil den til 183F. Kom peberfrugt, hvidløg og olie i en vakuumpose. Brug vandfortrængningsmetoden til at trække luften ud, forsegle poserne og nedsænke dem i et vandbad. Indstil timeren til 20 minutter og kog.

Når timeren stopper, skal du fjerne og åbne posen. Overfør paprika og hvidløg til en blender og blend indtil glat. Placer stegepande over medium varme; Tilsæt chilipastaen og de øvrige ingredienser. Kog i 3 minutter. Serveres lun eller kold som dip.

jalapeno krydderi

Tilberedning + tilberedningstid: 70 minutter | Måltid: 6

Materialer:

2 jalapeno peberfrugter
2 grønne peberfrugter
2 fed hvidløg, knust
1 løg, kun pillet
3 spiseskefulde timianpulver
3 teskefulde kværnet sort peber
2 tsk rosmarinpulver
10 teskefulde anispulver

instruktioner

Forbered en bain-marie, læg Sous Vide i den og sæt den til 185F. Læg peberfrugt og løg i en vakuumpose. Blæs luften ud ved hjælp af vandfortrængningsmetoden, forsegl posen og nedsænk den i et vandbad. Indstil timeren til 40 minutter.

Når timeren stopper, skal du fjerne og åbne posen. Kom peberfrugt og løg i en blender med 2 spsk vand og blend, indtil det er glat.

Sæt gryden på svag varme, tilsæt peberpasta og de øvrige ingredienser. Lad det koge i 15 minutter. Sluk for varmen og afkøl. Opbevares i en krydderiglas, på køl og brug op til 7 dage. Brug det som krydderi.

suppe

Tilberedning + tilberedningstid: 13 timer 25 minutter | Måltid: 6

Materialer:

3 pund oksefod

1½ kg kalveben

½ kilo hakket oksekød

5 kopper tomatpuré

6 søde løg

3 hoveder hvidløg

6 spiseskefulde sort peber

5 kviste timian

4 laurbærblade

10 glas vand

Instruktioner:

Forvarm ovnen til 425F. Læg okseben og kalveskank på en bageplade og fordel med tomatpure. Tilsæt hvidløg og løg. Læg til side. Læg hakkebøffen i en anden gryde og smuldr. Sæt pladen i ovnen og bag den gyldenbrun.

Når dette er gjort, drænes olien fra panderne. Tilbered en bain-marie i en stor skål, tilsæt Sous Vide og indstil til 195F. Skil hakkebøffer, ristede grøntsager, peber, timian og laurbærblade i 3 vakuumposer. Fugt bagepladen med vand og læg den i posen. Fold toppen af poserne 2-3 gange.

Læg poserne i et vandbad og sæt dem på Sous Vide-beholderen. Indstil timeren til kl. Når timeren stopper, fjern poserne og overfør ingredienserne til gryden. Sæt ingredienserne på høj varme. Bages i 15 minutter. Sluk for varmen og sigt. Brug bouillonen som suppebund.

Basilikum hvidløgsskal

Tilberedning + tilberedningstid: 55 minutter | Måltid: 15

Materialer:

2 hoveder hvidløg, knust

2 spsk olivenolie

lidt salt

1 løg fennikel, hakket

2 citroner revet og presset

¼ sukker

25 basilikumblade

Instruktioner:

Forbered en bain-marie, læg Sous Vide i den og sæt den til 185F. Kom fennikel og sukker i en vakuumpose. Blæs luften ud ved hjælp af vandfortrængningsmetoden, forsegl posen og nedsænk den i et vandbad. Indstil timeren til 40 minutter. Når timeren stopper, skal du fjerne og åbne posen.

Kom fennikel, sukker og andre ingredienser i en blender og blend indtil glat. Opbevares i en krydderibeholder og opbevares i køleskabet i op til en uge.

Honning og løg balsamico sauce

Tilberedning + tilberedningstid: 1 time 55 minutter | Portioner: 1)

Materialer

3 søde løg, finthakket
1 spiseskefuld smør
Salt og peber efter smag
2 spsk balsamicoeddike
1 spiseskefuld honning
2 tsk friske timianblade

instruktioner

Forbered en bain-marie og sæt den til Sous Vide. Indstil til 186F.

Varm en pande op med smør ved middel varme. Tilsæt løget, smag til med salt og peber og steg i 10 minutter. Tilsæt balsamicoeddike og kog i 1 minut. Fjern fra varmen og hæld honning over det.

Kom blandingen i en vakuumpose. Blæs luften ud ved hjælp af vandfortrængningsmetoden, forsegl posen og nedsænk den i et vandbad. Bages i 90 minutter. Når timeren stopper, fjernes posen og overføres til en tallerken. Pynt med frisk timian. Server med pizza eller sandwich.

Tomatsovs

Tilberedning + tilberedningstid: 55 minutter | Måltider: 4

Materialer:

1 (16 oz.) dåse tomater, knuste
1 lille hvidt løg, finthakket
1 kop friske basilikumblade
1 spsk olivenolie
1 fed hvidløg, knust
salt efter smag
1 laurbærblad
1 rød peberfrugt

Instruktioner:

Forbered en bain-marie, læg Sous Vide i den og sæt den til 185F. Kom alle de nævnte ingredienser i en vakuumpose. Blæs luften ud ved hjælp af vandfortrængningsmetoden, forsegl posen og nedsænk den i et vandbad. Indstil timeren til 40 minutter. Når timeren stopper, skal du fjerne og åbne posen. Kassér laurbærbladet og kom resten af ingredienserne over i en blender og blend godt. Server som tilbehør.

skaldyrsfond

Forberedelse + tilberedningstid: 10 timer 10 minutter | Måltid: 6

Materialer:

1 kg rejeskal, hoved og hale
3 glas vand
1 spsk olivenolie
2 spsk salt
2 kviste rosmarin
½ hoved hakket hvidløg
½ kop bladselleri, hakket

Instruktioner:

Forbered en bain-marie, kom Sous Vide i den og sæt den til 180F. Dryp olivenolie over rejerne. Læg rejerne i en vakuumpose sammen med de øvrige ingredienser, der er nævnt. Klem luften ud, forsegl posen, sænk den i vandbad og indstil timeren til 10 timer.

fiske suppe

Tilberedning + tilberedningstid: 10 timer 15 minutter | Måltider: 4

Materialer:

5 glas vand
½ kg fiskefilet, skind
1 kg fiskehoved
5 mellemstore grønne løg
3 søde løg
¼ sorte alger (kombu)

Instruktioner:

Tag et vandbad, sæt Sous Vide i det og sæt det til 194F. Fordel alle de anførte ingredienser ligeligt i 2 vakuumposer, fold toppen af posen 2 gange. Læg dem i en bain-marie og sæt dem på Sous Vide-beholderen. Indstil timeren til klokken 10.

Når timeren stopper, fjern poserne og overfør ingredienserne til gryden. Kog ingredienserne ved høj varme i 5 minutter, sluk for varmen og sigt. Opbevares i køleskabet og bruges i op til 14 dage.

Sennep asparges sauce

Tilberedning + tilberedningstid: 30 minutter | Måltider: 2

Materialer

1 stort bundt asparges
Salt og peber efter smag
¼ kop olivenolie
1 tsk dijonsennep
1 tsk dild
1 tsk rødvinseddike
1 kogt æg, hakket
Frisk persille, hakket

instruktioner

Forbered en bain-marie og sæt den til Sous Vide. Indstil til 186F.

Prik bunden af aspargesene og kassér dem.

Skær bunden af stilken af og læg den i en vakuumpose. Blæs luften ud ved hjælp af vandfortrængningsmetoden, forsegl posen og nedsænk den i et vandbad. Bages i 15 minutter.

Når timeren stopper, skal du fjerne posen og overføre den til isbadet. Adskil saften fra madlavningen. Kombiner olie, eddike og sennep i en salatskål; Ryst godt. Smag til med salt og overfør til en krukke. Forsegl og ryst godt. Drys toppen med persille, æg og vinaigrette.

plantebestand

Tilberedning + tilberedningstid: 12 timer 35 minutter | del: 10)

Materialer:

1 ½ dl sellerirod, hakket

1½ dl hakkede porrer

½ kop hakket fennikel

4 fed hvidløg, knust

1 spsk olivenolie

6 glas vand

1½ dl svampe

½ kop hakket persille

1 spsk sort peber

1 laurbærblad

Instruktioner:

Forbered en bain-marie, kom Sous Vide i den og sæt den til 180F. Forvarm ovnen til 450F. Kom porrer, selleri, fennikel, hvidløg og olivenolie i en skål. Leg med dem. Læg den på en bageplade beklædt med bagepapir og sæt den i ovnen. Kog i 20 minutter.

Læg de stegte grøntsager i vakuumposen sammen med bouillon, vand, persille, peber, svampe og laurbærblade. Klem luften ud, forsegl posen, dyk ned i et vandbad og indstil timeren til 12 timer. Dæk dobbeltkedlen med plastfolie for at reducere fordampningen, og bliv ved med at hælde vand i badet for at dække grøntsagerne.

Når timeren stopper, skal du fjerne og åbne posen. Filtrer ingredienserne. Lad afkøle og brug frosset i op til 1 måned.

Når timeren stopper, skal du fjerne og åbne posen. Filtrer ingredienserne. Lad afkøle og brug frosset i op til 2 uger.

Tabasco ost hvidløg Edamame

Tilberedning + tilberedningstid: 1 time 6 minutter | Måltider: 4

Materialer

1 spsk olivenolie

4 kopper friske edamame bønner

1 spiseskefuld salt

1 fed hvidløg, hakket

1 spsk rød peberflager

1 spsk Tabasco sauce

instruktioner

Forbered en bain-marie og sæt den til Sous Vide. Indstil til 186F.

Opvarm en gryde med vand over høj varme og kog edamame-kopperne i 60 sekunder. Filtrer og anbring i et isvandbad. Rør hvidløg, paprika, Tabasco sauce og olivenolie i.

Læg edamamen i en vakuumpose. Top med Tabasco sauce. Blæs luften ud ved hjælp af vandfortrængningsmetoden, forsegl posen og nedsænk den i et vandbad. Kog i 1 time. Når timeren stopper, fjernes posen, overføres til en skål og serveres.

Urteærtepuré

Tilberedning + tilberedningstid: 55 minutter | Måltid: 6

Materialer

½ kop grøntsagsbouillon

1 pund friske ærter

Skal af 1 citron

2 spsk hakket frisk basilikum

1 spsk olivenolie

Salt og peber efter smag

2 spsk hakket frisk koriander

2 spsk hakket frisk persille

¾ tsk hvidløgspulver

instruktioner

Forbered en bain-marie og sæt den til Sous Vide. Indstil til 186F.

Bland ærter, citronskal, basilikum, olivenolie, sort peber, purløg, persille, salt og hvidløgspulver og kom derefter i en vakuumpose. Blæs luften ud ved hjælp af vandfortrængningsmetoden, forsegl posen og nedsænk den i et vandbad. Bages i 45 minutter. Når timeren stopper, fjern posen, overfør den til blenderen og bland godt.

Kartoffelmos i ovnen med salvie

Tilberedning + tilberedningstid: 1 time 35 minutter | Måltid: 6

Materialer

¼ kop smør

12 uskrællede søde kartofler

10 fed hvidløg, hakket

4 spiseskefulde salt

6 spiseskefulde olivenolie

5 kviste frisk salvie

1 spsk rød peber

instruktioner

Forbered en bain-marie og sæt den til Sous Vide. Indstil til 192F.

Tilsæt kartofler, hvidløg, salt, olivenolie og 2-3 kviste timian, og læg dem i en lufttæt pose. Blæs luften ud ved hjælp af vandfortrængningsmetoden, forsegl posen og nedsænk den i et vandbad. Bages i 1 time og 15 minutter.

Forvarm ovnen til 450F. Når timeren stopper, fjern kartoflerne og kom dem over i en skål. Adskil saften fra madlavningen.

Bland kartoflerne godt sammen med smørret og den resterende salvie. Overfør til bagepladen, der tidligere var dækket med aluminiumsfolie. Åbn midten af kartoflen som en pool og hæld kogevæsken i. Bag kartoflerne i 10 minutter, vend dem efter 5 minutter. Smid de vise mænd væk. Læg på en tallerken og server, drys toppen med paprika.

Smørede asparges med timian og ost

Tilberedning + tilberedningstid: 21 minutter | Måltid: 6

Materialer

¼ kop revet Pecorino Romano ost
16 ounce friske asparges, skåret i skiver
4 spsk smør, skåret i tern
salt efter smag
1 fed hvidløg, hakket
1 spsk timian

instruktioner

Forbered en bain-marie og sæt den til Sous Vide. Indstil til 186F.

Kom aspargesene i en vakuumpose. Tilsæt smør i tern, hvidløg, salt og timian. Blæs luften ud ved hjælp af vandfortrængningsmetoden, forsegl posen og nedsænk den i et vandbad. Kog i 14 minutter.

Når timeren stopper, fjernes posen og aspargesene overføres til en tallerken. Hæld kogevandet over. Pynt med Pecorino Romano ost.

Lækker pastinak med honningglasur

Tilberedning + tilberedningstid: 1 time 8 minutter | Måltider: 4

Materialer

1 kilo pastinak, pillet og hakket
3 spiseskefulde smør
2 spiseskefulde honning
1 spsk olivenolie
Salt og peber efter smag
1 spsk hakket frisk persille

instruktioner

Forbered en bain-marie og sæt den til Sous Vide. Indstil til 186F.

Læg pastinak, smør, honning, olie, salt og peber i en vakuumpose. Blæs luften ud ved hjælp af vandfortrængningsmetoden, forsegl posen og nedsænk den i et vandbad. Kog i 1 time.

Varm en pande op ved middel varme. Når timeren stopper, fjern posen og hæld indholdet i gryden og kog i 2 minutter, indtil væsken er glaseret. Tilsæt persillen og bland hurtigt. Skorsten.

Tomatsandwich med flødeost

Tilberedning + tilberedningstid: 55 minutter | portion: 8)

Materialer

½ kop hytteost

2 kg skivede tomater

Salt og peber efter smag

2 spsk olivenolie

2 fed hvidløg, finthakket

½ tsk hakket frisk salvie

⅛ teskefuld paprika

½ tsk hvidvinseddike

2 skeer smør

4 skiver brød

2 skiver halloumi ost

instruktioner

Forbered en bain-marie og sæt den til Sous Vide. Indstil til 186F. Læg tomaterne i et dørslag over en skål og krydr med salt. Ryst godt. Lad det stivne i 30 minutter. Kassér safterne. Bland olivenolie, hvidløg, salvie, sort peber, salt og chiliflager.

Læg det i en vakuumpose. Blæs luften ud ved hjælp af vandfortrængningsmetoden, forsegl posen og nedsænk den i et vandbad. Kog i 40 minutter.

Når timeren stopper, skal du fjerne posen og overføre den til blenderen. Tilsæt eddike og flødeost. Bland indtil glat. Læg det på en tallerken og tilsæt eventuelt salt og peber.

For at lave ostestængerne: Opvarm en pande over middel varme. Pensl brødskiverne med smør og læg dem i gryden. Læg osteskiverne på brødet og top med endnu en smørsmurt skive brød. 1-2 minutters tårn. Gentag med det resterende brød. Skær i tern. Server over den varme suppe.

Rødbedesalat med cashewnødder og friskost

Tilberedning + tilberedningstid: 1 time 35 minutter | portion: 8)

Materialer

6 store rødbeder, skrællet og skåret i stykker

Salt og peber efter smag

3 spiseskefulde ahornsirup

2 skeer smør

Skal af 1 stor appelsin

1 spsk olivenolie

½ tsk cayennepeber

1½ dl cashewnødder

6 kopper rucola

3 mandariner, skrællet og skåret i tern

1 kop frisk ost, smuldret

instruktioner

Forbered en bain-marie og sæt den til Sous Vide. Indstil til 186F.

Kom gulerodsstykkerne i en vakuumpose. Tilsæt salt og peber. Tilsæt 2 spiseskefulde ahornsirup, smør og appelsinskal. Blæs luften ud ved hjælp af vandfortrængningsmetoden, forsegl posen og nedsænk den i et vandbad. Bages i 1 time og 15 minutter.

Forvarm ovnen til 350F.

Rør den resterende ahornsirup, olivenolie, salt og cayennepeber i. Tilsæt cashewnødder og bland godt. Læg cashewblandingen på en bageplade, der er forkrydret med sort peber, og bag i 10 minutter. Stil til side og lad afkøle.

Når timeren stopper, skal du fjerne rødbederne og kassere kogevandet. Læg rucolaen på serveringsfadet, derefter gulerods- og mandarinskiverne. Ved servering drysses blandingen af queso fresco og cashewnødder på toppen.

blomkål ost chili

Tilberedning + tilberedningstid: 52 minutter | Måltider: 5

Materialer

½ kop revet provolone ost

1 blomkålshoved, delt i buketter

2 fed hvidløg, finthakket

Salt og peber efter smag

2 skeer smør

1 spsk olivenolie

½ stor rød peber, skåret i skiver

½ stor gul peber, skåret i strimler

½ stor orange peberfrugt, skåret i strimler

instruktioner

Forbered en bain-marie og sæt den til Sous Vide. Indstil til 186F.

Bland blomkålsbuketter, 1 fed hvidløg, salt, peber, halvdelen af smørret og halvdelen af olien godt.

I en anden skål blandes paprika, resterende hvidløg, resterende salt, peber, resterende smør og resterende olivenolie.

Læg blomkålen i en vakuumpose. Læg peberfrugterne i en anden vakuumpose. Brug vandfortrængningsmetoden til at trække luften ud, forsegle poserne og nedsænke dem i et vandbad. Kog i 40 minutter.

Når timeren stopper, skal du fjerne poserne og overføre indholdet til en skål. Kassér kogevæsken. Bland grøntsagerne og top med provoloneosten.

Efterårsgræskarflødesuppe

Tilberedning + tilberedningstid: 2 timer 20 minutter | Måltid: 6

Materialer

¾ kop creme fraiche

1 efterårssquash skåret i små stykker

1 stor pære

½ gult løg, finthakket

3 kviste frisk timian

1 fed hvidløg, hakket

1 tsk stødt spidskommen

Salt og peber efter smag

4 spiseskefulde frisk fløde

instruktioner

Forbered en bain-marie og sæt den til Sous Vide. Indstil til 186F.

Tilsæt zucchini, pærer, løg, timian, hvidløg, spidskommen og salt og vend sammen. Læg det i en vakuumpose. Brug vandfortrængningsmetoden til at trække luften ud, forsegle den og nedsænke den i et vandbad. Kog i 2 timer.

Når timeren stopper, skal du fjerne posen og overføre indholdet til blenderen. Purér indtil glat. Tilsæt creme fraiche og bland godt.

Tilsæt salt og peber. Kom blandingen i skåle og hæld lidt fløde ovenpå. Pynt med pærestykker.

Kartoffelselleri og porresuppe

Tilberedning + tilberedningstid: 2 timer 15 minutter | portion: 8)

Materialer

8 spiseskefulde smør

4 røde kartofler i tern

1 gult løg, skåret i ¼-tommers stykker

1 stilk selleri, skåret i halve cm stykker

4 kopper porrer, skåret i 1/2-tommers skiver, kun hvide dele

1 kop grøntsagsjuice

1 gulerod, finthakket

4 fed hvidløg, finthakket

2 laurbærblade

Salt og peber efter smag

2 kopper creme fraiche

¼ kop hakket frisk purløg

instruktioner

Forbered en bain-marie og sæt den til Sous Vide. Indstil til 186F.

Læg kartofler, gulerødder, løg, selleri, porrer, grøntsagsbouillon, smør, hvidløg og laurbærblade i en vakuumpose. Blæs luften ud ved hjælp af vandfortrængningsmetoden, forsegl posen og nedsænk den i et vandbad. Kog i 2 timer.

Når timeren stopper, skal du fjerne posen og overføre den til blenderen. Kassér laurbærbladene. Bland indholdet og smag til med salt og peber. Tilsæt langsomt fløden og bland til en jævn masse i 2-3 minutter. Inden servering drænes indholdet af og pyntes med purløg.

Tranebær citrongrønkålssalat

Tilberedning + tilberedningstid: 15 minutter | Måltid: 6

Materialer

6 kopper frisk grønkål, skrællet

6 spiseskefulde olivenolie

2 fed hvidløg, knust

4 spiseskefulde citronsaft

½ tsk salt

¾ kop tørrede tranebær

instruktioner

Forbered en bain-marie og sæt den til Sous Vide. Indstil til 196F. Bland grøntsagerne med 2 spsk olivenolie. Læg det i en vakuumpose. Blæs luften ud ved hjælp af vandfortrængningsmetoden, forsegl posen og nedsænk den i et vandbad. Kog i 8 minutter.

Rør den resterende olivenolie, hvidløg, citronsaft og salt i. Når timeren stopper, fjern kålen og læg den på en tallerken. Dryp med sauce. Pynt med blåbær.

Citrusmajs i tomatsauce

Tilberedning + tilberedningstid: 55 minutter | portion: 8)

Materialer

⅓ kop olivenolie

4 aks af gule majs, afskallede

Salt og peber efter smag

1 stor tomat, skåret i skiver

3 spiseskefulde citronsaft

2 fed hvidløg, finthakket

1 serrano peber, uden kerner

4 løg, kun grønne dele, skåret i skiver

½ bundt hakkede friske korianderblade

instruktioner

Forbered en bain-marie og sæt den til Sous Vide. Indstil til 186F. Dryp bønnerne med olivenolie og krydr med salt og peber. Læg dem i en vakuumpose. Blæs luften ud ved hjælp af vandfortrængningsmetoden, forsegl posen og nedsænk den i et vandbad. Bages i 45 minutter.

Kombiner i mellemtiden tomater, citronsaft, hvidløg, serranopeber, purløg, koriander og den resterende olie i en skål. Forvarm grillen ved høj varme.

Når timeren stopper, fjernes boblerne, overføres til grillen og koges i 2-3 minutter. Lad afkøle. Skær frøene fra kolben og hæld tomatsaucen over. Server med fisk, salat eller tortillachips.

Ingefær Tamari rosenkål med sesam

Tilberedning + tilberedningstid: 43 minutter | Måltid: 6

Materialer

1½ pund rosenkål, halveret

2 fed hvidløg, finthakket

2 spiseskefulde vegetabilsk olie

1 spsk tamari sauce

1 kop. Revet ingefær

¼ tsk paprika

¼ tsk ristet sesamolie

1 spsk sesam

instruktioner

Forbered en bain-marie og sæt den til Sous Vide. Indstil til 186F. Varm en pande op over middel varme og tilsæt hvidløg, vegetabilsk olie, tamari sauce, ingefær og chiliflager. Kog i 4-5 minutter. Læg til side.

Læg rosenkålene i en vakuumpose og hæld tamariblandingen over dem. Blæs luften ud ved hjælp af vandfortrængningsmetoden, forsegl posen og nedsænk den i et vandbad. Bages i 30 minutter.

Når timeren stopper, fjern posen og tør den med et køkkenrulle. Gem kogevandet. Læg spirerne i en skål og dæk dem med sesamolie. Læg spirerne på en tallerken og drys dem med kogevand. Pynt med sesam.

rødbedesalat

Tilberedning + tilberedningstid: 2 timer 25 minutter | Måltider: 3

Materialer:

1 ¼ kop rødbeder, trimmet og skåret i små stykker

1 kop friskhakket spinat

2 spsk olivenolie

1 spsk citronsaft, friskpresset

1 spsk balsamicoeddike

2 fed hvidløg, knust

1 spiseskefuld smør

Salt og peber efter smag

Instruktioner:

Vask og rens rødbederne godt. Skær i små stykker og læg i en vakuumpose med smør og presset hvidløg. Bag Sous Vide ved 185 F i 2 timer. Stil til side til afkøling.

Kog vand i en stor gryde og tilsæt spinaten. Kog i et minut og fjern fra varmen. Tør godt. Overfør til en vakuumpose og kog Sous Vide ved 180F i 10 minutter. Fjern fra vandbadet og lad køle helt af. Kom i en stor skål og tilsæt de kogte rødbeder. Smag til med salt, peber, eddike, olivenolie og citronsaft. Server nu.

Grønt hvidløg med mynte

Tilberedning + tilberedningstid: 30 minutter | Måltider: 2

Materialer:

½ kop friskhakket cikorie

½ kop vilde asparges, hakket

½ kop hakket Chard

¼ kop frisk mynte, hakket

¼ kop plukket rucola

2 fed hvidløg, finthakket

½ tsk salt

4 spsk citronsaft, friskpresset

2 spsk olivenolie

Instruktioner:

Fyld en stor gryde med saltet vand og tilsæt det grønne. Kog i 3 minutter. Tag den ud og tøm den. Knus det grønne let med hænderne og hak det med en skarp kniv. Overfør til en stor vakuumforseglet pose og kog Sous Vide ved 162F i 10 minutter. Fjern fra vandbadet og stil til side.

Varm olien op i en stor stegepande ved middel varme. Tilsæt hvidløg og steg i 1 minut. Tilsæt selleri og tilsæt salt. Drys med frisk citronsaft og server.

Rosenkål i hvidvin

Tilberedning + tilberedningstid: 35 minutter | Måltider: 4

Materialer:

1 kilo rosenkål, hakket
½ kop ekstra jomfru olivenolie
½ glas hvidvin
Salt og peber efter smag
2 spsk frisk persille, finthakket
2 fed hvidløg, knust

Instruktioner:

Læg rosenkål i en stor, vakuumforseglet pose med tre spiseskefulde olivenolie. Bages i Sous Vide ved 180 F i 15 minutter. Tag den ud af posen.

Opvarm den resterende olie i en stor slip-let stegepande. Tilsæt rosenkål, presset hvidløg, salt og peber. Grill i kort tid, ryst panden flere gange, så alle sider er let brunede. Hæld vinen over og bring det i kog. Bland godt og fjern fra komfuret. Drys med hakket persille og server.

Rødbede- og gedeostsalat

Tilberedning + tilberedningstid: 2 timer 20 minutter | Måltider: 3

Materialer:

1 kg gulerødder, skåret i tern

½ kop mandler, blancherede

2 spsk afskallede hasselnødder

2 spsk olivenolie

1 fed hvidløg, finthakket

1 tsk stødt spidskommen

1 tsk citronskal

salt efter smag

½ kop gedeost, smuldret

Friske mynteblade til pynt

<u>At have på:</u>

2 spsk olivenolie

1 spsk æblecidereddike

Instruktioner:

Lav en dobbeltkedel, sæt i Sous Vide og indstil til 183F.

Kom rødbederne i en vakuumpose. Brug vandfortrængningsmetoden, blæs luften ud, forsegl posen og nedsænk den i et vandbad og indstil timeren til 2 timer. Når timeren stopper, skal du fjerne og åbne posen. Sæt rødbederne til side.

Sæt gryden på middel varme, tilsæt mandler og hasselnødder og steg i 3 minutter. Læg på et skærebræt og hak. Tilsæt olie, hvidløg og spidskommen i samme gryde. Kog i 30 sekunder. Sluk for varmen. Tilsæt gedeost, mandelblanding, citronskal og hvidløgsblanding til skålen. Blande. Pisk olie og eddike og stil til side. Server som tilbehør.

Blomkålsbroccolisuppe

Tilberedning + tilberedningstid: 70 minutter | Måltider: 2

Materialer:

1 mellemstor blomkål skåret i små buketter
½ kg broccoli skåret i små buketter
1 grøn peberfrugt, hakket
1 løg, hakket
1 spsk olivenolie
1 fed hvidløg, knust
½ kop grøntsagsbouillon
½ kop skummetmælk

Instruktioner:

Lav en dobbeltkedel, sæt i Sous Vide og indstil til 185F.

Kom blomkål, broccoli, peberfrugt og hvidløg i vakuumposen, og hæld derefter olivenolien i. Fjern luften ved hjælp af vandfortrængningsmetoden og forsegl posen. Nedsænk posen i vandbadet. Indstil timeren til 50 minutter og bag.

Når timeren stopper, skal du fjerne og åbne posen. Kom grøntsagerne i en blender, tilsæt hvidløg og mælk og blend til en jævn masse.

Sæt gryden på middel varme, tilsæt grøntsagsmosen og grøntsagssuppen og kog i 3 minutter. Tilsæt salt og peber. Serveres varm som tilbehør.

Smørærter med mynte

Tilberedning + tilberedningstid: 25 minutter | Måltider: 2

Materialer:

1 spiseskefuld smør
½ kop ærter
1 spsk mynteblade, hakket
lidt salt
sødme

Instruktioner:

Forbered en bain-marie, læg Sous Vide i den og indstil den til 183F. Kom alle ingredienserne i en vakuumpose. Brug vandfortrængningsmetoden til at suge luften ud, forsegle den og nedsænke den i badet. Bages i 15 minutter.

Når timeren stopper, skal du fjerne og åbne posen. Kom ingredienserne på serveringsfadet. Server som krydderi.

Rosenkål i sød sirup

Tilberedning + tilberedningstid: 75 minutter | Måltider: 3

Materialer:

4 kg rosenkål, skåret i halve

3 spiseskefulde olivenolie

¾ kop fiskesauce

3 spiseskefulde vand

2 spsk sukker

1½ spsk riseddike

2 spsk citronsaft

3 røde peberfrugter, skåret i tynde skiver

2 fed hvidløg, finthakket

Instruktioner:

Forbered en bain-marie, læg Sous Vide i den og indstil den til 183F. Placer rosenkålen, salt og olie i en vakuumpose, ventilér ved hjælp af vandfortrængningsmetoden, forsegl og nedsænk posen i badet. Maria. Indstil timeren til 50 minutter.

Når timeren stopper, fjern posen, åbn forseglingen og overfør rosenkålen til den foliebeklædte bageplade. Varm grillen op, læg en pande på den og kog i 6 minutter. Læg rosenkålene i en skål.

Sådan laves saucen: Kom resten af ingredienserne i en skål og bland. Tilsæt saucen til rosenkålen og bland jævnt. Server som tilbehør.

Radiser med urteost

Tilberedning + tilberedningstid: 1 time 15 minutter | Måltider: 3

Materialer:

10 ounce gedeost

4 oz flødeost

¼ kop rød peberfrugt, hakket

3 spiseskefulde pesto

3 spiseskefulde citronsaft

2 spsk persille

2 fed hvidløg

9 store radiser, skåret i skiver

Instruktioner:

Forbered en bain-marie, læg Sous Vide i den og indstil den til 181F. Læg radiseskiverne i en vakuumpose, sænk og forsegl posen. Nedsænk posen i vandbadet og indstil timeren til 1 time.

Bland de øvrige ingredienser i en skål og hæld blandingen i en pose. Læg til side. Når timeren stopper, skal du fjerne og åbne posen. Anret radiseskiverne på en tallerken og hæld osteblandingen i hver skive. Server som snack.

balsamicobraiseret kål

Tilberedning + tilberedningstid: 1 time 45 minutter | Måltider: 3

Materialer:

1 kg rødkål, delt i kvarte og udkernet
1 skalotteløg, skåret i tynde skiver
2 fed hvidløg, skåret i tynde skiver
½ spsk balsamicoeddike
½ spsk usaltet smør
salt efter smag

Instruktioner:

Forbered en bain-marie, læg Sous Vide i den og sæt den til 185F. Fordel kålen og de øvrige ingredienser i 2 vakuumposer. Klem luften ud og forsegl poserne ved hjælp af vandfortrængningsmetoden. Læg dem i en dobbeltkedel og indstil timeren til 1 time og 30 minutter.

Når timeren stopper, skal du fjerne og åbne poserne. Læg kålen i serveringsfade med dens saft. Smag til med salt og eddike. Server som tilbehør.

kogte tomater

Tilberedning + tilberedningstid: 45 minutter | Måltider: 3

Materialer:

4 kopper cherrytomater
5 spiseskefulde olivenolie
½ spsk hakkede friske rosmarinblade
½ spsk hakkede friske timianblade
Salt og peber efter smag

Instruktioner:

Forbered en bain-marie, læg Sous Vide i den og indstil den til 131F. Fordel de angivne ingredienser i 2 vakuumposer, smag til med salt og peber. Klem luften ud og forsegl poserne ved hjælp af vandfortrængningsmetoden. Nedsænk dem i en dobbeltkedel og indstil timeren til 30 minutter.

Når timeren stopper, skal du fjerne og åbne poserne. Kom tomaterne og deres saft i en skål. Server som tilbehør.

Ratatouille

Tilberedning + tilberedningstid: 2 timer 10 minutter | Måltider: 3

Materialer:

2 zucchini, skåret i skiver
2 tomater, hakkede
2 røde peberfrugter, frøet og skåret i 2-tommers terninger
1 lille aubergine, skåret i skiver
1 løg, skåret i 1-tommers terninger
salt efter smag
½ rød peberflager
8 fed hvidløg, knust
2 en halv spsk olivenolie
5 tråde + 2 tråde basilikumblade

Instruktioner:

Forbered en bain-marie, læg Sous Vide i den og sæt den til 185F. Placer tomater, zucchini, løg, peberfrugt og aubergine i 5 separate vakuumposer. Tilsæt hvidløg, basilikumblade og 1 spsk olivenolie til hver pose. Brug vandfortrængningsmetoden til at blæse luften ud, forsegle poserne, nedsænke dem i et vandbad og indstille timeren til 20 minutter.

Når timeren stopper, fjern posen med tomater. Læg til side. Nulstil timeren til 30 minutter. Når timeren stopper, fjern posen med zucchini og peberfrugt. Læg til side. Nulstil timeren til 1 time.

Når timeren stopper, fjern eventuelle resterende poser og kasser hvidløg og basilikumblade. Kom tomaterne i skålen og mos let med en ske. Hak de resterende grøntsager og tilsæt dem til tomaterne. Smag til med salt, peber, den resterende olivenolie og basilikum. Server som tilbehør.

Tomatsuppe

Tilberedning + tilberedningstid: 60 minutter | Måltider: 3

Materialer:

2 kg tomater, skåret i halve
1 løg, hakket
1 stilk selleri, hakket
3 spiseskefulde olivenolie
1 spsk tomatpuré
en knivspids sukker
1 laurbærblad

Instruktioner:

Forbered en bain-marie, læg Sous Vide i den og sæt den til 185F. Kom de anførte ingredienser, undtagen saltet, i en skål og bland. Læg dem i en vakuumpose. Blæs luften ud ved hjælp af vandfortrængningsmetoden, forsegl posen og nedsænk den i et vandbad. Indstil timeren til 40 minutter.

Når timeren stopper, skal du fjerne og åbne posen. Bland ingredienserne i en blender. Hæld de revne tomater i gryden og sæt dem over medium varme. Tilsæt salt og kog i 10 minutter. Fordel suppen i skåle og lad den køle af. Serveres varm med lavt kulhydratbrød ved siden af.

ristede rødbeder

Tilberedning + tilberedningstid: 1 time 15 minutter | Måltider: 3

Materialer:

2 rødbeder, skrællet og skåret i 1 cm stykker
⅓ kop balsamicoeddike
½ tsk olivenolie
⅓ kop ristede valnødder
⅓ kop revet Grana Padano ost
Salt og peber efter smag

Instruktioner:

Forbered en bain-marie, læg Sous Vide i den og indstil den til 183F. Kom rødbeder, eddike og salt i en vakuumpose. Blæs luften ud ved hjælp af vandfortrængningsmetoden, forsegl posen og nedsænk den i et vandbad. Indstil timeren til 1 time.

Når timeren stopper, skal du fjerne og åbne posen. Overfør rødbederne til en skål, tilsæt olivenolien og bland. Drys nødder og ost ovenpå. Server som tilbehør.

Aubergine lasagne

Forberedelse + Tilberedningstid: 3 timer | Måltider: 3

Materialer:

1 kg aubergine, skrællet og skåret i tynde skiver

1 spiseskefuld salt

1 kop tomatsauce, i kvarte

2 ounce frisk mozzarella, skåret i tynde skiver

1 ounce revet parmesan

2 ounce italiensk blanding ost, revet

3 spsk hakket frisk basilikum

Tag:

½ spsk macadamianødder, ristet og hakket

1 ounce revet parmesan

1 ounce italiensk blanding ost, revet

Instruktioner:

Forbered en bain-marie, læg Sous Vide i den og indstil den til 183F. Salt auberginen. Læg vakuumposen til side, læg halvdelen af auberginen ovenpå, fordel den med en dråbe tomatsauce, top med mozzarellaen, så parmesanosten, så ost-basilikumblandingen. Hæld endnu en portion tomatsauce over.

Luk posen forsigtigt ved hjælp af vandfortrængningsmetoden, og hold den helst flad. Nedsænk posen i vandbadet. Indstil timeren til 2 timer og kog. Træk vejret 2-3 gange i løbet af de første 30 minutter, da auberginen producerer gas under tilberedningen.

Når timeren stopper, fjern forsigtigt posen og bank på hjørnet af posen med en hammer for at dræne væsken fra posen. Læg posen på serveringsfadet, åbn toppen og tryk forsigtigt lasagnen ned på tallerkenen. Pynt med den resterende tomatsauce, macadamianødder, osteblanding og parmesan. Smelt osten og steg den med en brænder.

Svampesuppe

Tilberedning + tilberedningstid: 50 minutter | Måltider: 3

Materialer:

1 kilo blandede svampe

2 løg, hakket

3 fed hvidløg

2 kviste hakket persille

2 spsk timianpulver

2 spsk olivenolie

2 kopper fløde

2 kopper grøntsagsjuice

Instruktioner:

Forbered en bain-marie, læg Sous Vide i den og sæt den til 185F. Læg svampe, løg og selleri i en vakuumpose. Blæs luften ud ved hjælp af vandfortrængningsmetoden, forsegl posen og nedsænk den i et vandbad. Indstil timeren til 30 minutter. Når timeren stopper, skal du fjerne og åbne posen.

Bland posens ingredienser i en blender. Sæt gryden på middel varme, tilsæt olien. Så snart det begynder at blive varmt, tilsættes de mosede svampe og resten af ingredienserne undtagen fløden. Kog i 10 minutter. Sluk for komfuret og tilsæt fløden. Bland godt og server.

Vegetarisk risotto med parmesan

Tilberedning + tilberedningstid: 65 minutter | Måltider: 5

Materialer:

2 kopper arborio ris

½ kop almindelig hvid ris

1 kop grøntsagsjuice

1 glas vand

6 til 8 ounce revet parmesanost

1 finthakket løg

1 spiseskefuld smør

Salt og peber efter smag

Instruktioner:

Forbered en bain-marie og sæt den til Sous Vide. Indstil til 185F. Smelt smørret i en gryde ved middel varme. Tilsæt løg, ris og krydderier og steg i et par minutter. Overfør til en vakuumpose. Blæs luften ud ved hjælp af vandfortrængningsmetoden, forsegl posen og nedsænk den i et vandbad. Indstil timeren til 50 minutter. Når timeren stopper, fjern posen og tilsæt parmesan.

grøn suppe

Tilberedning + tilberedningstid: 55 minutter | Måltider: 3

Materialer:

4 kopper grøntsagsbouillon

1 spsk olivenolie

1 fed hvidløg, knust

1 cm ingefær, skåret i skiver

1 tsk korianderpulver

1 stor zucchini, hakket

3 kopper kål

2 kopper broccoli, delt i buketter

1 citron presset og revet

Instruktioner:

Forbered en bain-marie, læg Sous Vide i den og sæt den til 185F. Læg broccoli, zucchini, kål og persille i en vakuumlukkelig pose. Blæs luften ud ved hjælp af vandfortrængningsmetoden, forsegl posen og nedsænk den i et vandbad. Indstil timeren til 30 minutter.

Når timeren stopper, skal du fjerne og åbne posen. Kom de dampede ingredienser sammen med hvidløg og ingefær i blenderen. Purér indtil glat. Hæld den grønne puré i gryden og tilsæt de øvrige angivne ingredienser. Stil gryden over medium varme og kog i 10 minutter. Server som tilbehør.

blandet grøntsagssuppe

Tilberedning + tilberedningstid: 55 minutter | Måltider: 3

Materialer:

1 sødt løg, skåret i skiver

1 tsk hvidløgspulver

2 kopper zucchini, skåret i små tern

3 oz parmesan skal

2 kopper babyspinat

2 spsk olivenolie

1 tsk rød peber

2 kopper grøntsagsjuice

1 kvist rosmarin

salt efter smag

Instruktioner:

Forbered en bain-marie, læg Sous Vide i den og sæt den til 185F. Bland alle ingredienser undtagen hvidløg og salt med olivenolie og kom i en vakuumpose. Blæs luften ud ved hjælp af vandfortrængningsmetoden, forsegl posen og nedsænk den i et vandbad. Indstil timeren til 30 minutter.

Når timeren stopper, skal du fjerne og åbne posen. Kassér rosmarinen. Hæld resten af ingredienserne i gryden og tilsæt salt og hvidløgspulver. Stil gryden over medium varme og kog i 10 minutter. Server som tilbehør.

Ravioli med røget peber

Forberedelse + tilberedningstid: 5 timer 15 minutter | Portioner: 9)

Materialer:

10 oz Wonton Wraps

10 ounce af eventuelle grøntsager, hakket

2 æg

1 spsk olivenolie

½ tsk kværnet peber

½ tsk røget paprika

½ tsk hvidløgspulver

Salt og peber efter smag

Instruktioner:

Forbered en bain-marie og sæt den til Sous Vide. Indstil til 165F.

Pisk æggene sammen med krydderierne. Tilsæt grøntsagerne og olien. Hæld blandingen i en vakuumpose - Flyt luften ud ved hjælp af vandfortrængningsmetoden, forsegl posen og nedsænk den i et vandbad. Indstil timeren til 5 timer.

Når timeren stopper, fjern posen og læg den i en skål. Fordel blandingen i raviolien, rul den sammen og forsegl kanterne. Kog i kogende vand ved middel varme i 4 minutter.

Miso-ret lavet af quinoa og selleri

Tilberedning + tilberedningstid: 2 timer 25 minutter | Måltid: 6

Materialer

1 selleri, hakket

1 spsk misopasta

6 fed hvidløg

5 kviste timian

1 tsk løgpulver

3 spiseskefulde ricotta

1 spsk sennepsfrø

Saft af ¼ stor citron

5 hakkede cherrytomater

hakket persille

8 ounce vegansk smør

8 ounce kogt quinoa

instruktioner

Forbered en bain-marie og sæt den til Sous Vide. Indstil til 186F.

Varm imens en pande op over middel varme og tilsæt hvidløg, timian og sennepsfrø. Kog i cirka 2 minutter. Tilsæt smørret og rør til det er gyldent. Bland med løgpulveret og stil til side. Lad afkøle ved stuetemperatur. Læg det grønne i en vakuumpose. Blæs luften ud ved hjælp af vandfortrængningsmetoden, forsegl posen og nedsænk den i et vandbad. Kog i 2 timer.

Når timeren stopper, fjern posen, overfør til gryden og rør, indtil den er gyldenbrun. Smag til med miso. Læg til side. Varm en pande op over middel varme, tilsæt tomater, sennep og quinoa. Bland med citronsaft og persille. Server ved at drysse selleri-tomatblandingen ovenpå.

radise og basilikumsalat

Tilberedning + tilberedningstid: 50 minutter | Måltider: 2

Materialer:

20 små radiser, skåret i skiver
1 spsk hvidvinseddike
¼ kop hakket basilikum
½ kop fetaost
1 spiseskefuld sukker
1 spsk vand
¼ tsk salt

Instruktioner:

Forbered en bain-marie og sæt den til Sous Vide. Indstil til 200F. Læg radiserne i en stor vakuumpose og tilsæt eddike, sukker, salt og vand. Lad os ryste det op. Brug vandfortrængningsmetoden til at trække luften ud, forsegle den og nedsænke den i et vandbad. Bages i 30 minutter. Når timeren stopper, fjern posen og lad den køle af i isbadet. Serveres varm. Server med basilikum og fetaost.

peberblanding

Tilberedning + tilberedningstid: 35 minutter | Måltider: 2

Materialer:

1 rød peberfrugt, hakket
1 gul peberfrugt, finthakket
1 grøn peberfrugt, hakket
1 stor orange peberfrugt, hakket
salt efter smag

Instruktioner:

Forbered en bain-marie, læg Sous Vide i den og indstil den til 183F. Kom alle de saltede peberfrugter i en vakuumpose. Brug vandfortrængningsmetoden til at trække luften ud, forsegle den og nedsænke den i et vandbad. Indstil timeren til 15 minutter. Når timeren stopper, skal du fjerne og åbne posen. Server med pebersaft som tilbehør.

Quinoa Gurkemeje Koriander

Tilberedning + tilberedningstid: 105 minutter | Måltid: 6

Materialer:

3 kopper quinoa

2 kopper creme fraiche

½ kop vand

3 spsk korianderblade

2 tsk pulveriseret gurkemeje

1 spiseskefuld smør

½ skefuld salt

Instruktioner:

Forbered en bain-marie og sæt den til Sous Vide. Indstil til 180F.

Kom alle ingredienserne i en vakuumpose. Bland det godt sammen. Blæs luften ud ved hjælp af vandfortrængningsmetoden, forsegl posen og nedsænk den i et vandbad. Indstil timeren til 90 minutter. Fjern posen, når timeren stopper. Serveres varm.

timian hvide bønner

Forberedelse + tilberedningstid: 5 timer 15 minutter | Måltid: 8

Materialer:

12 ounce hvide bønner

1 kop tomatpuré

8 ounces grøntsagsjuice

1 spiseskefuld sukker

3 spiseskefulde smør

1 kop hakket løg

1 peberfrugt, hakket

1 spsk timian

2 spsk rød peber

Instruktioner:

Forbered en bain-marie og sæt den til Sous Vide. Indstil til 185F.

Bland alle ingredienser i en vakuumpose. Bland det sammen. Blæs luften ud ved hjælp af vandfortrængningsmetoden, forsegl posen og nedsænk den i et vandbad. Indstil timeren til 5 timer. Fjern posen, når timeren stopper. Serveres varm.

Kartoffel- og persimmonsalat

Tilberedning + tilberedningstid: 3 timer 15 minutter | Måltid: 6

Materialer:

2 kg kartofler, skåret i tern
5 ounce hakkede dadler
½ kop smuldret gedeost
1 spsk timian
1 spsk olivenolie
1 spsk citronsaft
3 spiseskefulde smør
1 tsk koriander
1 spiseskefuld salt
1 spsk hakket persille
¼ tsk hvidløgspulver

Instruktioner:

Forbered en bain-marie og sæt den til Sous Vide. Indstil til 190F.

Læg kartofler, smør, dadler, timian, koriander og salt i en vakuumpose. Blæs luften ud ved hjælp af vandfortrængningsmetoden, forsegl posen og nedsænk den i et vandbad. Indstil timeren til 3 timer.

Når timeren stopper, fjern posen og læg den i en skål. Bland olivenolie, citronsaft, persille og hvidløgspulver og dryp over salaten. Hvis du bruger ost, drys det ovenpå.

sort peber

Tilberedning + tilberedningstid: 3 timer 10 minutter | Måltider: 4

Materialer:

10 ounce korn
4 spiseskefulde smør
1½ tsk paprika
10 ounce vand
½ tsk hvidløgssalt

Instruktioner:

Forbered en bain-marie og sæt den til Sous Vide. Indstil til 180F.

Kom alle ingredienserne i en vakuumpose. Bland godt med en ske. Blæs luften ud ved hjælp af vandfortrængningsmetoden, forsegl posen og nedsænk den i et vandbad. Indstil timeren til 3 timer. Fjern posen, når timeren stopper. Fordel i 4 serveringsskåle.

Grøntsagsdrueblanding

Tilberedning + tilberedningstid 105 minutter | Portioner: 9)

Materialer:

8 søde kartofler i tern
2 rødløg, skåret i skiver
4 ounce tomater, mosede
1 tsk hakket hvidløg
Salt og peber efter smag
1 spsk druesaft

Instruktioner:

Forbered en bain-marie og sæt den til Sous Vide. Indstil til 183F. Placer alle ingredienser i en vakuumforseglbar pose med ¼ kop vand. Blæs luften ud ved hjælp af vandfortrængningsmetoden, forsegl posen og nedsænk den i et vandbad. Indstil timeren til 90 minutter. Fjern posen, når timeren stopper. Serveres varm.

En skål med kikærter og myntesvampe

Tilberedning + tilberedningstid: 4 timer 15 minutter | Måltid: 8

Materialer:

9 ounce svampe

3 kopper grøntsagssuppe

1 kilo kikærter, udblødt natten over og afdryppet

1 spiseskefuld smør

1 spsk rød peber

1 spiseskefuld sennep

2 spsk tomatjuice

1 spiseskefuld salt

¼ kop hakket mynte

1 spsk olivenolie

Instruktioner:

Forbered en bain-marie og sæt den til Sous Vide. Indstil til 195F. Kom suppen og kikærterne i en vakuumpose. Blæs luften ud ved hjælp af vandfortrængningsmetoden, forsegl posen og nedsænk den i et vandbad. Indstil timeren til 4 timer.

Fjern posen, når timeren stopper. Varm olien op i en pande ved middel varme. Tilsæt svampe, tomatsaft, paprika, salt og sennep. Kog i 4 minutter. Dræn kikærterne og kom dem i gryden. Kog i yderligere 4 minutter. Bland med smør og mynte.

vegetabilsk caponata

Tilberedning + tilberedningstid: 2 timer 15 minutter | Måltider: 4

Materialer:

4 dåser tomater, knuste

2 peberfrugter, skåret i skiver

2 zucchini, skåret i skiver

½ hakket løg

2 auberginer, skåret i skiver

6 fed hvidløg, hakket

2 spsk olivenolie

6 basilikumblade

Salt og peber efter smag

Instruktioner:

Forbered en bain-marie og sæt den til Sous Vide. Indstil til 185F. Bland alle ingredienser i en vakuumpose. Blæs luften ud ved hjælp af vandfortrængningsmetoden, forsegl posen og nedsænk den i et vandbad. Indstil timeren til 2 timer. Når timeren stopper, overføres til en tallerken.

Kogt mangold med citron

Tilberedning + tilberedningstid: 25 minutter | Måltider: 2

2 pund chard

4 spsk ekstra jomfru olivenolie

2 fed hvidløg, knust

1 hel citron, presset

2 teskefulde havsalt

Instruktioner:

Vask mangold grundigt og afdryp i et dørslag. Hak dem groft med en skarp kniv og læg dem i en stor skål. Bland 4 spsk olivenolie, presset hvidløg, citronsaft og havsalt. Overfør til en stor vakuumforseglet pose og forsegl. Bages i sous vide ved 180 F i 10 minutter.

rodfrugtpuré

Tilberedning + tilberedningstid: 3 timer 15 minutter | Måltider: 4

Materialer:

2 zucchini, skrællet og skåret i skiver
1 pillet og skåret majroe
1 stor sød kartoffel, skrællet og skåret i skiver
1 spiseskefuld smør
Salt og peber efter smag
en knivspids muskatnød
¼ tsk timian

Instruktioner:

Forbered en bain-marie og sæt den til Sous Vide. Indstil til 185F. Læg grøntsagerne i en vakuumpose. Afluft det ved hjælp af vandfortrængningsmetoden, dæk til og nedsænk i et vandbad, kog i 3 timer. Når du er klar, fjern posen og mos grøntsagerne med en kartoffelmoser. Tilsæt resten af ingredienserne.

Kål og peberfrugt i tomatsauce

Tilberedning + tilberedningstid: 4 timer 45 minutter | Måltid: 6

Materialer:

2 kilo grønkål, hakket

1 kop hakket peberfrugt

1 kop tomatpuré

2 løg, skåret i skiver

1 spiseskefuld sukker

Salt og peber efter smag

1 spsk koriander

1 spsk olivenolie

Instruktioner:

Forbered en bain-marie og sæt den til Sous Vide. Indstil til 184F.

Læg kål og løg i en vakuumpose og smag til med krydderier. Tilsæt tomatpuréen og bland godt. Blæs luften ud ved hjælp af vandfortrængningsmetoden, forsegl posen og nedsænk den i et vandbad. Indstil timeren til 4 timer og 30 minutter. Fjern posen, når timeren stopper.

Sennepsmel med linser og tomater

Tilberedning + tilberedningstid: 105 minutter | Måltid: 8

Materialer:

2 kopper linser

1 dåse tomater i tern, ikke drænet

1 kop grønne ærter

3 kopper grøntsagssuppe

3 glas vand

1 finthakket løg

1 gulerod, skåret i skiver

1 spiseskefuld smør

2 spiseskefulde sennep

1 tsk rød peber

2 spsk citronsaft

Salt og peber efter smag

Instruktioner:

Forbered en bain-marie og sæt den til Sous Vide. Indstil til 192F. Læg alle ingredienser i en stor, vakuumforseglet pose. Brug vandfortrængningsmetoden til at suge luften ud, forsegle den og nedsænke den i badet. Bages i 90 minutter. Når timeren stopper, fjernes posen og overføres til en stor skål og blandes inden servering.

Rispilaf med peberfrugt og rosiner

Tilberedning + tilberedningstid: 3 timer 10 minutter | Måltid: 6

Materialer:

2 kopper hvide ris

2 kopper grøntsagsjuice

⅔ kop vand

3 spsk hakkede rosiner

2 spsk creme fraiche

½ kop hakket rødløg

1 peberfrugt, hakket

Salt og peber efter smag

1 spsk timian

Instruktioner:

Forbered en bain-marie og sæt den til Sous Vide. Indstil til 180F.

Kom alle ingredienserne i en vakuumpose. Bland det godt sammen. Blæs luften ud ved hjælp af vandfortrængningsmetoden, forsegl posen og nedsænk den i et vandbad. Indstil timeren til 3 timer. Fjern posen, når timeren stopper. Serveres varm.

yoghurtsuppe

Tilberedning + tilberedningstid: 2 timer 20 minutter | Måltider: 4

Materialer

1 spsk olivenolie

1½ tsk spidskommen frø

1 mellemstor rødløg, finthakket

Skær 1 porre i halve og skær i tynde skiver

salt efter smag

2 kg hakkede gulerødder

1 laurbærblad

3 kopper grøntsagssuppe

½ kop fuldfed yoghurt

Æbleeddike

friske dildblade

instruktioner

Forbered en bain-marie og sæt den til Sous Vide. Indstil til 186F. Varm olivenolien op i en stor pande ved middel varme og tilsæt spidskommen. Bag dem i 1 minut. Tilsæt løg, salt og porre og steg i 5-7 minutter eller indtil de er bløde. Kombiner løg, laurbærblad, gulerod og 1/2 spsk salt i en stor skål.

Fordel blandingen i vakuumposen. Blæs luften ud ved hjælp af vandfortrængningsmetoden, forsegl posen og nedsænk den i et vandbad. Kog i 2 timer.

Når timeren stopper, fjern posen og ryst den i en skål. Tilsæt grøntsagsfonden og bland. Bland yoghurten. Smag suppen til med lidt salt og eddike, pynt derefter med et dildblad og server.

smøragtig sommersquash

Tilberedning + tilberedningstid: 1 time 35 minutter | Måltider: 4

Materialer

2 skeer smør

¾ kop hakket løg

1 ½ kilo zucchini, skåret i skiver

Salt og peber efter smag

½ kop sødmælk

2 store hele æg

½ kop knuste almindelige kartoffelchips

instruktioner

Forbered en bain-marie og sæt den til Sous Vide. Indstil til 175F

Imens olier du nogle pander. Varm en stor stegepande op over middel varme og smelt smørret. Tilsæt løget og steg i 7 minutter. Tilsæt zucchinien, smag til med salt og peber og steg i 10 minutter. Fordel blandingen i kopper. Lad afkøle og stil til side.

Pisk mælk, salt og æg i en skål. Smag til med peber. Hæld blandingen i glas, forsegl og nedsænk glassene i et vandbad. Bages i 60 minutter. Når timeren stopper, fjern glassene og lad dem køle af i 5 minutter. Server over kartoflerne.

Ingefærchutney med karry og nektariner

Tilberedning + tilberedningstid: 60 minutter | Måltider: 3

Materialer

½ kop granuleret sukker

½ kop vand

¼ kop hvidvinseddike

1 fed hvidløg, hakket

¼ kop hvidløg, finthakket

Saft af 1 citron

2 tsk revet frisk ingefær

2 spsk karry

En knivspids rød peberflager

Salt og peber efter smag

peberflager efter smag

4 store stykker skåret nektarin

¼ kop hakket frisk basilikum

instruktioner

Forbered en bain-marie og sæt den til Sous Vide. Indstil til 168F.

Varm en pande op over middel varme og bland vand, sukker, hvidvinseddike og hvidløg. Rør indtil sukkeret er blødt. Tilsæt citronsaft, løg, karry, ingefær og chiliflager. Tilsæt salt og peber. Ryst godt. Kom blandingen i en vakuumpose. Blæs luften ud ved hjælp af vandfortrængningsmetoden, forsegl posen og nedsænk den i et vandbad. Kog i 40 minutter.

Når timeren stopper, skal du fjerne posen og placere den i isbadet. Tag maden ud på en tallerken. Pynt med basilikum.

Rød kartoffel confiteret med rosmarin

Tilberedning + tilberedningstid: 1 time 15 minutter | Måltider: 4

Materialer

1 kilo russiske kartofler i skiver
salt efter smag
¼ tsk malet hvid peber
1 tsk stødt frisk rosmarin
2 spsk hel smør
1 spsk majsolie

instruktioner

Forbered en bain-marie og sæt den til Sous Vide. Indstil til 192F. Krydr kartoflerne med rosmarin, salt og peber. Bland kartoflerne med smør og olie. Læg det i en vakuumpose. Blæs luften ud ved hjælp af vandfortrængningsmetoden, forsegl posen og nedsænk den i et vandbad. Bages i 60 minutter. Når timeren stopper, skal du fjerne posen og overføre den til en stor skål. Pynt med smør og server.

Pærekarry og kokoscreme

Tilberedning + tilberedningstid: 1 time 10 minutter | Måltider: 4

Materialer

Udkern, skræl og skær 2 pærer i skiver

1 spsk karrypulver

2 spsk kokoscreme

instruktioner

Forbered en bain-marie og sæt den til Sous Vide. Indstil til 186F.

Bland alle ingredienser og kom i en vakuumpose. Blæs luften ud ved hjælp af vandfortrængningsmetoden, forsegl posen og nedsænk den i et vandbad. Bages i 60 minutter. Når timeren stopper, skal du fjerne posen og overføre den til en stor skål. Fordel i tallerkener og server.

Blød broccoli puré

Tilberedning + tilberedningstid: 2 timer 15 minutter | Måltider: 4

Materialer

1 hoved broccoli, delt i buketter
½ tsk hvidløgspulver
salt efter smag
1 spiseskefuld smør
1 spsk tung fløde

instruktioner

Forbered en bain-marie og sæt den til Sous Vide. Indstil til 183F. Rør broccoli, salt, hvidløgspulver og creme fraiche i. Læg det i en vakuumpose. Blæs luften ud ved hjælp af vandfortrængningsmetoden, forsegl posen og nedsænk den i et vandbad. Kog i 2 timer.

Når timeren stopper, skal du fjerne posen og placere den i blenderen til bortskaffelse. Smag til og server.

Lækker dadel og mango pickle

Tilberedning + tilberedningstid: 1 time 45 minutter | Måltider: 4

Materialer

2 kg hakket mango
1 lille løg, finthakket
½ kop lys brun farin
¼ kop dadler
2 spiseskefulde æblecidereddike
2 spsk friskpresset citronsaft
1½ tsk gule sennepsfrø
1½ tsk korianderfrø
salt efter smag
¼ tsk karrypulver
¼ teskefuld tørret gurkemeje
⅛ teskefuld cayennepeber

instruktioner

Forbered en bain-marie og sæt den til Sous Vide. Indstil til 183F.

Saml alle materialer. Læg det i en vakuumpose. Blæs luften ud ved hjælp af vandfortrængningsmetoden, forsegl posen og nedsænk den i et vandbad. Bages i 90 minutter. Når timeren stopper, fjern posen og ryst den ned i gryden.

Mandarin og grønne bønnesalat med valnødder

Tilberedning + tilberedningstid: 1 time 10 minutter | portion: 8)

Materialer

2 kilo grønne bønner i skiver
2 mandariner
2 skeer smør
salt efter smag
2 ounce valnødder

instruktioner

Forbered en bain-marie og sæt den til Sous Vide. Indstil til 186F. Tilsæt grønne bønner, salt og smør. Læg det i en vakuumpose. Tilsæt mandarinskræl og saft. Blæs luften ud ved hjælp af vandfortrængningsmetoden, forsegl posen og nedsænk den i et vandbad. Kog i 1 time. Når timeren stopper, fjernes posen og overføres til en tallerken. Drys med mandarinskal og valnødder.

Grøn ærtecreme med kokos

Tilberedning + tilberedningstid: 1 time 10 minutter | portion: 8)

Materialer

1 pund friske grønne ærter
1 kop fløde
¼ kop smør
1 spiseskefuld majsstivelse
¼ tsk stødt muskatnød
4 nelliker
2 laurbærblade
sort peber efter smag

instruktioner

Forbered en bain-marie og sæt den til Sous Vide. Indstil til 184F. Bland majsstivelse, muskatnød og fløde i en skål. Rør indtil majsstivelsen er blød.

Kom blandingen i en vakuumpose. Blæs luften ud ved hjælp af vandfortrængningsmetoden, forsegl posen og nedsænk den i et vandbad. Kog i 1 time. Når timeren stopper, træk posen ud og fjern laurbærbladet. Skorsten.

Simpel broccoli puré

Tilberedning + tilberedningstid: 60 minutter | Måltider: 4

Materialer

1 hoved broccoli
1 kop grøntsagsjuice
3 spiseskefulde smør
salt efter smag

instruktioner

Forbered en bain-marie og sæt den til Sous Vide. Indstil til 186F.

Tilsæt broccoli, smør og grøntsagsfond. Læg det i en vakuumpose. Blæs luften ud ved hjælp af vandfortrængningsmetoden, forsegl posen og nedsænk den i et vandbad. Bages i 45 minutter.

Når timeren stopper, skal du fjerne og tømme posen. Gem kogevandet. Kom broccolien i en blender og blend til en jævn masse. Hæld lidt af kogevandet fra. Drys med salt og peber inden servering.

Rød peber broccolisuppe

Tilberedning + tilberedningstid: 1 time 25 minutter | portion: 8)

Materialer

2 spsk olivenolie

1 stort løg, finthakket

2 fed hvidløg, skåret i skiver

salt efter smag

⅛ tsk knuste røde peberflager

1 hoved broccoli, delt i buketter

Skræl og riv 1 æble

6 kopper grøntsagssuppe

instruktioner

Forbered en bain-marie og sæt den til Sous Vide. Indstil til 183F.

Varm en stegepande op med olie ved middel varme, indtil den er gyldenbrun. Svits løg, 1/4 tsk salt og hvidløg i 7 minutter. Tilsæt chiliflager og bland godt. Fjern fra varmen. Lad afkøle.

Læg æbleblanding, broccoli, løg og 1/4 spsk salt i en vakuumpose. Blæs luften ud ved hjælp af vandfortrængningsmetoden, forsegl posen og nedsænk den i et vandbad. Kog i 1 time.

Når timeren stopper, skal du fjerne posen og overføre den til gryden. Hæld grøntsagssuppen over og bland. Smag til med salt og server.

Miso majs med nelliker, sesam og honning

Tilberedning + tilberedningstid: 45 minutter | Måltider: 4

Materialer

4 majskorn

6 spiseskefulde smør

3 spsk rød misopasta

1 spiseskefuld honning

1 tsk allehånde

1 spsk rapsolie

1 purløg, skåret i tynde skiver

1 tsk ristet sesam

instruktioner

Forbered en bain-marie og sæt den til Sous Vide. Indstil til 183F. Skræl skallen af majsene og skær kolben af. Pensl hvert stykke majs med 2 spsk smør. Læg det i en vakuumpose. Blæs luften ud ved hjælp af vandfortrængningsmetoden, forsegl posen og nedsænk den i et vandbad. Bages i 30 minutter.

Bland imens 4 spsk smør, 2 spsk misopasta, honning, rapsolie og allehånde i en skål. Ryst godt. Læg til side. Når timeren stopper, fjern posen og forsegl majsen. Fordel misoblandingen ovenpå. Pynt med sesamolie og purløg.

Cremet gnocchi med ærter

Tilberedning + tilberedningstid: 1 time 50 minutter | Måltider: 2

Materialer

1 pakke gnocchi

1 spiseskefuld smør

½ sødt løg, skåret i tynde skiver

Salt og peber efter smag

½ kop frosne ærter

¼ kop creme fraiche

½ kop revet Pecorino Romano ost

instruktioner

Forbered en bain-marie og sæt den til Sous Vide. Indstil til 183F. Læg gnocchierne i en vakuumforseglbar pose. Blæs luften ud ved hjælp af vandfortrængningsmetoden, forsegl posen og nedsænk den i et vandbad. Bages i 1 time og 30 minutter.

Når timeren stopper, skal du fjerne posen og stille den til side. Varm en pande op med smør ved middel varme og steg løget i 3 minutter. Tilsæt de frosne ærter og fløde og bring det i kog. Hæld flødesovsen over gnocchierne, smag til med peber og salt og læg på et fad.

honning og rucola salat

Tilberedning + tilberedningstid: 3 timer 50 minutter | Måltider: 4

Materialer

2 spiseskefulde honning

Udkern 2 æbler, skær dem i halve og skær dem i skiver

½ kop valnødder, ristede og hakkede

½ kop revet Grana Padano ost

4 kopper rucola

havsalt efter smag

<u>tag det på</u>

¼ kop olivenolie

1 spsk hvidvinseddike

1 tsk dijonsennep

1 fed hvidløg, hakket

salt efter smag

instruktioner

Forbered en bain-marie og sæt den til Sous Vide. Indstil til 158F. Kom honningen i en glaskrukke og varm den op i 30 sekunder, tilsæt æblet og bland godt. Læg det i en vakuumpose. Blæs luften ud ved hjælp af vandfortrængningsmetoden, forsegl posen og nedsænk den i et vandbad. Bages i 30 minutter.

Når timeren stopper, skal du fjerne posen og placere den i et isvandsbad i 5 minutter. Opbevares i køleskabet i 3 timer. Bland alle ingredienserne til saucen i en kande og ryst godt. Lad det køle lidt af i køleskabet.

Bland rucola, valnødder og Grana Padano ost i en skål. Tilføj ferskenskiver. Dæk med en bandage. Smag til med salt og peber og server.

krabbe med citronsmørsauce

Tilberedning + tilberedningstid: 70 minutter | Måltider: 4

Materialer

6 fed hvidløg, hakket
Skal og saft af ½ citron
1 kilo krabbekød
4 spiseskefulde smør

instruktioner

Forbered en bain-marie og sæt den til Sous Vide. Indstil til 137F. Bland grundigt halvdelen af hvidløget, citronskallen og saften af halvdelen af citronen. Læg til side. Kom krabbekød, smør og citronblandingen i en vakuumpose. Blæs luften ud ved hjælp af vandfortrængningsmetoden, forsegl posen og nedsænk den i et vandbad. Bages i 50 minutter. Fjern posen, når timeren stopper. Kassér kogevæsken.

Varm en pande op over middel-lav varme og tilsæt det resterende smør, den resterende citronblanding og den resterende citronsaft. Server krabben i 4 skåle, drysset med citronolie.

Nordlig hurtig laks

Tilberedning + tilberedningstid: 30 minutter | Måltider: 4

Materialer

1 spsk olivenolie

4 flåede laksefileter

Salt og peber efter smag

Skal og saft af 1 citron

2 spsk gul sennep

2 spsk sesamolie

instruktioner

Forbered en bain-marie og sæt den til Sous Vide. Indstil til 114F. Krydr laksen med salt og peber. Tilsæt citronskal og -saft, olie og sennep og bland. Læg laksen med sennepsblandingen i 2 vakuumposer. Træk luften ud ved hjælp af vandfortrængningsmetoden, forsegl poserne og nedsænk dem i badet. Kog i 20 minutter. Varm sesamolien op i en gryde. Når timeren stopper, fjern og dup laksen tør. Kom laksen over i gryden og svits i 30 sekunder på hver side.

Lækker ørred med sennep og tamari sauce

Tilberedning + tilberedningstid: 35 minutter | Måltider: 4

Materialer

¼ kop olivenolie

4 ørredfileter, pillede og skåret i skiver

½ kop tamari sauce

¼ kop lys brun farin

2 fed hvidløg, finthakket

1 spsk Colemans sennep

instruktioner

Forbered en bain-marie og sæt den til Sous Vide. Indstil til 130F. Rør tamari sauce, farin, olivenolie og hvidløg i. Læg ørreden i en vakuumpose med tamariblandingen. Træk luften ud ved hjælp af vandfortrængningsmetoden, forsegl posen og nedsænk den i et vandbad. Bages i 30 minutter.

Når timeren stopper, fjern ørreden og dup den tør med et køkkenrulle. Kassér kogevæsken. Server pyntet med tamari sauce og sennep.

Tun med sesamfrø og ingefærsauce

Tilberedning + tilberedningstid: 45 minutter | Måltid: 6

Materialer:

Donau:

3 tunbøffer

Salt og peber efter smag

⅓ kop olivenolie

2 spsk rapsolie

½ kop sorte sesamfrø

½ kop hvide sesamfrø

Ingefær sauce:

1 cm ingefær, revet

2 skalotteløg, finthakket

1 rød peberfrugt, hakket

3 spiseskefulde vand

Saft af 2 en halv citron

1½ spsk riseddike

2½ spsk sojasovs

1 spsk fiskesauce

1½ spsk sukker

1 bundt salatblade

Instruktioner:

Start med saucen: Sæt en lille pande på lav varme og tilsæt olivenolien. Tilsæt ingefær og peber mens det er varmt. Kog i 3 minutter. Tilsæt sukker og eddike, rør rundt og kog indtil sukkeret er opløst. Tilsæt vand og bring det i kog. Tilsæt sojasauce, fiskesauce og citronsaft og kog i 2 minutter. En bog til at køle ned.

Forbered en bain-marie, læg Sous Vide i den og sæt den til 110F. Krydr tunen med salt og peber og kom den i 3 separate vakuumposer. Tilsæt olie, tøm posen ved hjælp af vandfortrængningsmetoden, forsegl og nedsænk posen i vandbadet. Indstil timeren til 30 minutter.

Når timeren stopper, skal du fjerne og åbne posen. Stil tunen til side. Sæt gryden på lav varme og tilsæt rapsolie. Rør sesamfrøene i skålen under opvarmning. Tør tunen, drys den med sesamfrø, og steg top og bund i varm olie, indtil frøene er gyldenbrune.

Skær tunen i tynde strimler. Læg salaten på et fad, fordel tunen på salatbedet. Server med ingefærsauce som forret.

Himmelrulle med citron og hvidløg

Tilberedning + tilberedningstid: 60 minutter | Måltider: 4

Materialer

4 spiseskefulde smør

1 kg kogt krabbekød

2 fed hvidløg, finthakket

Skal og saft af ½ citron

½ kop mayonnaise

1 løg fennikel, hakket

Salt og peber efter smag

4 boller, delt, smurt og ristet

instruktioner

Forbered en bain-marie og sæt den til Sous Vide. Indstil til 137F. Rør hvidløg, citronskal og 1/4 kop citronsaft i. Kom krabbekødet sammen med smør- og citronblandingen i en vakuumpose. Blæs luften ud ved hjælp af vandfortrængningsmetoden, forsegl posen og nedsænk den i et vandbad. Bages i 50 minutter.

Når timeren stopper, fjern posen og læg den i en skål. Kassér kogevæsken. Bland krabbekødet med den resterende citronsaft, mayonnaise, fennikel, dild, salt og peber. Inden servering fyldes rullerne med krabbekødblandingen.

Forkullet blæksprutte smagt til med citronsauce

Tilberedning + tilberedningstid: 4 timer 15 minutter | Måltider: 4

Materialer

5 spiseskefulde olivenolie
1 kilo blæksprutte tentakler
Salt og peber efter smag
2 spsk citronsaft
1 spsk citronskal
1 spsk hakket frisk persille
1 spsk timian
1 spsk rød peber

instruktioner

Forbered en bain-marie og sæt den til Sous Vide. Indstil til 179F. Skær tentaklerne i mellemlange stykker. Tilsæt salt og peber. Læg de lange i en vakuumpose med olivenolie. Blæs luften ud ved hjælp af vandfortrængningsmetoden, forsegl posen og nedsænk den i et vandbad. Kog i 4 timer.

Når timeren stopper, fjern blæksprutten og dup den tør med et køkkenrulle. Kassér kogevæsken. Dryp med olivenolie.

Varm grillen op til middel varme og svits tentaklerne i 10-15 sekunder på hver side. Læg til side. Bland citronsaft, citronskal, paprika, timian og persille godt sammen. Hæld citronsaucen over blæksprutten.

Kreolske rejespyd

Tilberedning + tilberedningstid: 50 minutter | Måltider: 4

Materialer

Skal og saft af 1 citron

6 spiseskefulde smør

2 fed hvidløg, finthakket

Salt og hvid peber efter smag

1 spsk kreolsk krydderi

1½ kg rejer, rensede

1 spsk hakket frisk dild + til pynt

citronskiver

instruktioner

Forbered en bain-marie og sæt den til Sous Vide. Indstil til 137F.

Smelt smørret i en gryde ved middel varme og tilsæt hvidløg, creol-krydderier, citronskal og -saft, salt og peber. Kog i 5 minutter, indtil smørret smelter. Stil til side og lad afkøle.

Læg rejerne i en vakuumpose med smørblandingen. Blæs luften ud ved hjælp af vandfortrængningsmetoden, forsegl posen og nedsænk den i et vandbad. Bages i 30 minutter.

Når timeren stopper, fjern rejerne og dup dem tørre med et køkkenrulle. Kassér kogevæsken. Træk rejerne på et spyd og pynt med dild og citronskal inden servering.

Rejer i en krydret sauce

Tilberedning + tilberedningstid: 40 minutter + afkølingstid | Måltider: 5

Materialer

2 kilo rensede og pillede rejer
1 kop tomatpuré
2 spsk peberrodssauce
1 spsk citronsaft
1 tsk Tabasco sauce
Salt og peber efter smag

instruktioner

Forbered en bain-marie og sæt den til Sous Vide. Indstil til 137F. Placer rejerne i en vakuumforseglbar pose. Blæs luften ud ved hjælp af vandfortrængningsmetoden, forsegl posen og nedsænk den i badet. Bages i 30 minutter.

Når timeren stopper, skal du fjerne posen og overføre den til et isvandsbad i 10 minutter. Lad afkøle i køleskabet i 1-6 timer. Bland grundigt tomatpuré, peberrodssauce, sojasauce, citronsaft, tabascosauce, salt og peber. Server Gambare med saucen.

Havblade med skalotteløg og estragon

Tilberedning + tilberedningstid: 50 minutter | Måltider: 2

Materialer:

2 kg brasenfilet

3 estragon blade

1 tsk hvidløgspulver

1 tsk løgpulver

Salt og hvid peber efter smag

2 ½ tsk + 2 tsk smør

2 skalotteløg, pillede og skåret i halve

2 kviste timian

citronskive til pynt

Instruktioner:

Forbered en bain-marie, læg Sous Vide i den og indstil den til 124F. Skær skrubberfileten i 3 dele og gnid med salt, hvidløgspulver, løgpulver og peber. Læg fileter, estragon og 2 ½ tsk smør i 3 separate vakuumposer. Klem luften ud og forsegl poserne ved hjælp af vandfortrængningsmetoden. Anbring i et vandbad og kog i 40 minutter.

Når timeren stopper, skal du fjerne og åbne poserne. Stil gryden over svag varme og tilsæt det resterende smør. Når den er varm, skræl og tør helleflynderen. Tilsæt skalotteløg og timianflynder og steg til de er gyldenbrune i bund og top. Pynt med citronskiver. Server med kogte grøntsager.

Torsk med urteolie og citron

Tilberedning + tilberedningstid: 37 minutter | Måltid: 6

Materialer

8 spiseskefulde smør

6 torskefileter

Salt og peber efter smag

Skal af ½ citron

1 spsk hakket frisk dild

½ spsk hakket frisk koriander

½ spsk hakket frisk basilikum

½ spsk hakket frisk salvie

instruktioner

Forbered en bain-marie og sæt den til Sous Vide. Indstil til 134F. Drys torsken med salt og peber. Kom torsk og citronskal i en lufttæt pose.

Læg smør, dildhalvdele, purløg, basilikum og salvie i en separat vakuumpose. Træk luften ud ved hjælp af vandfortrængningsmetoden, forsegl og nedsænk begge poser i et vandbad. Bages i 30 minutter.

Når timeren stopper, fjern torsken og dup den tør med et køkkenrulle. Kassér kogevæsken. Fjern smørret fra den anden pose og hæld det over torsken. Pynt med resten af dilden.

han fnyste med Beurre Nantais

Tilberedning + tilberedningstid: 45 minutter | Måltid: 6

Materialer:

savtand aborre

2 kg grouper, skåret i 3 dele

1 tsk stødt spidskommen

½ tsk hvidløgspulver

½ tsk løgpulver

½ tsk korianderpulver

¼ kop fiskekrydderi

¼ kop valnøddeolie

Salt og hvid peber efter smag

Berre Blanc:

1 kilo smør

2 spiseskefulde æblecidereddike

2 skalotteløg, finthakket

1 tsk kværnet sort peber

5 ounces tung fløde,

salt efter smag

2 kviste dild

1 spsk citronsaft

1 spiseskefuld gurkemejepulver

Instruktioner:

Forbered en bain-marie, læg Sous Vide i den og indstil den til 132F. Krydr kartoffelstykkerne med salt og hvid peber. Læg den i en vakuumforseglet pose, evakuer ved hjælp af vandfortrængningsmetoden, forsegl den og nedsænk posen i et vandbad. Indstil timeren til 30 minutter. Tilsæt spidskommen, hvidløg, løg, koriander og fiskekrydderi og bland. Læg til side.

Tilbered imens beurre blanc. Stil en pande over middel varme og tilsæt løg, eddike og peber. Kog indtil du får en sirup. Reducer varmen til lav og tilsæt smørret under konstant omrøring. Tilsæt dild, citronsaft og gurkemejepulver og kog i 2 minutter under konstant omrøring. Tilsæt fløden og smag til med salt. Kog i 1 minut. Sluk for varmen og stil til side.

Når timeren stopper, skal du fjerne og åbne posen. Sæt gryden på middel varme, tilsæt valnøddeolien. Tør skindet og krydr det med en blanding af krydderier, og steg det derefter i varm olie. Server kartoflerne og beurre nantais med dampet spinat.

tun flager

Tilberedning + tilberedningstid: 1 time 45 minutter | Måltider: 4

Materialer:

¼ kg tunbøf
1 tsk rosmarinblade
1 tsk timianblade
2 kopper olivenolie
1 fed hvidløg, hakket

Instruktioner:

Forbered en bain-marie, læg Sous Vide i den og indstil den til 135F. Kom tunskiverne, salt, rosmarin, hvidløg, timian og to spiseskefulde olie i en vakuumpose. Blæs luften ud ved hjælp af vandfortrængningsmetoden, forsegl posen og nedsænk den i et vandbad. Indstil timeren til 1 time og 30 minutter.

Fjern posen, når timeren stopper. Læg tunen i en skål og stil til side. Sæt gryden på høj varme, tilsæt resterende olie. Hæld over opvarmet tun. Riv tunen med to gafler. Overfør og opbevar i en lufttæt beholder med olivenolie i op til en uge. Server i salater.

smør kammuslinger

Tilberedning + tilberedningstid: 55 minutter | Måltider: 3

Materialer:

½ kg kammuslinger
3 spsk smør (2 spsk til stegning + 1 spsk til bagning)
Salt og peber efter smag

Instruktioner:

Tag et vandbad, sæt Sous Vide i det og sæt det til 140F. Tør skallen med et køkkenrulle. Læg kammuslingerne, salt, 2 spsk smør og peber i en vakuumpose. Brug vandfortrængningsmetoden, blæs luften ud, forsegl posen og nedsænk den i et vandbad og indstil timeren til 40 minutter.

Når timeren stopper, skal du fjerne og åbne posen. Tør muslingerne med et køkkenrulle og sæt dem til side. Stil gryden over middel varme og tilsæt det resterende smør. Når kammuslingerne er smeltet, steges de på begge sider, indtil de er gyldenbrune. Server med smurte blandede grøntsager.

mynte sardiner

Tilberedning + tilberedningstid: 1 time 20 minutter | Måltider: 3

Materialer:

2 kilo sardiner

¼ kop olivenolie

3 fed hvidløg, knust

1 stor citron, friskpresset

2 kviste frisk mynte

Salt og peber efter smag

Instruktioner:

Vask og rens alle fisk, men beskyt huden. Tør med køkkenpapir.

I en stor skål blandes olivenolien med hvidløg, citronsaft, frisk mynte, salt og peber. Læg sardinerne med marinaden i en stor, vakuumforseglet pose. Bages i en time ved 104 F i en dobbelt kedel. Fjern fra badet og si, men behold saucen. Hæld saucen og dampede porrer over fisken.

Gylden med hvidvin

Forberedelse + Tilberedningstid: 2 timer | Måltider: 2

Materialer:

1 pund havbrasen, omkring 1 tomme tyk, renset
1 kop ekstra jomfru olivenolie
1 citron, presset
1 spiseskefuld sukker
1 spsk tørret rosmarin
½ spsk tørret timian
2 fed hvidløg, knust
½ glas hvidvin
1 tsk havsalt

Instruktioner:

I en stor skål blandes olivenolien med citronsaft, sukker, rosmarin, timian, presset hvidløg, vin og salt. Dyp fisken i denne blanding og mariner i køleskabet i en time. Tag den ud af køleskabet og si, behold væsken til servering. Læg fileterne i en stor vakuumpose og forsegl. Bag sous vide i 40 minutter ved 122 F. Hæld den resterende marinade over fileten og server.

Laks og coleslaw med avocado

Forberedelse + Tilberedningstid: 1 time | Måltider: 3

Materialer:

1 kg skindfri laksefilet

Salt og peber efter smag

½ økologisk citron, presset

1 spsk olivenolie

1 kop grønkålsblade, hakket

½ kop ristede gulerødder, skåret i skiver

½ moden avocado, skåret i små tern

1 spsk frisk dild

1 spsk friske persilleblade

Instruktioner:

Krydr begge sider af fileten med salt og peber og læg dem i en stor lynlåspose. Luk posen og kog sous vide ved 122F i 40 minutter. Fjern laksen fra bain-marie og stil til side.

Bland citronsaft, en knivspids salt og peber i en skål, og rør derefter olivenolien i konstant. Tilsæt den hakkede grønkål og vend den jævnt med vinaigretten. Tilsæt de ristede gulerødder, avocado, dild og persille. Bland forsigtigt. Læg på et fad og server med laks på toppen.

ingefær laks

Tilberedning + tilberedningstid: 45 minutter | Måltider: 4

Materialer:

4 laksefileter, med skind
2 spsk sesamolie
1½ olivenolie
2 spsk revet ingefær
2 spsk sukker

Instruktioner:

Forbered en dobbeltkedel, sæt en Sous Vide i den og sæt den til 124F. Krydr laksen med salt og peber. Kom de øvrige ingredienser i en skål og bland.

Læg lakse-sukkerblandingen i to vakuumforseglede poser, dræn ved hjælp af vandfortrængningsmetoden, forsegl og nedsænk posen i et vandbad. Indstil timeren til 30 minutter.

Når timeren stopper, skal du fjerne og åbne posen. Sæt en bradepande på middel varme, læg bagepapir i bunden og varm den op. Tilsæt laksen med skindsiden nedad og svits hver i 1 minut. Server med smurt broccoli ved siden af.

Muslinger i frisk citronsaft

Tilberedning + tilberedningstid: 40 minutter | Måltider: 2

Materialer:

1 pund friske østers, hakket
1 mellemstor rødløg, pillet og hakket
fed hvidløg, knust
½ kop friskpresset citronsaft
¼ kop frisk persille, finthakket
1 spsk finthakket rosmarin
2 spsk olivenolie

Instruktioner:

Læg muslingerne i en stor vakuumforseglet pose med citronsaft, hvidløg, løg, persille, rosmarin og olivenolie. Bag sous vide ved 122 F i 30 minutter. Server med en grøn salat.

Tunbøffer marineret med krydderurter

Tilberedning + tilberedningstid: 1 time 25 minutter | Måltider: 5

Materialer:

2 pund tunbøffer, omkring 1 tomme tykke

1 tsk tørret timian, stødt

1 tsk frisk basilikum, hakket

¼ kop hakket purløg

2 spsk frisk persille, finthakket

1 spsk frisk dild, hakket

1 tsk frisk citronskal

½ kop sesamfrø

4 spiseskefulde olivenolie

Salt og peber efter smag

Instruktioner:

Skyl tunfileten under koldt rindende vand og dup den tør med køkkenpapir. Læg til side.

I en stor skål blandes timian, basilikum, purløg, persille, dild, olivenolie, salt og peber sammen. Rør, indtil det er godt blandet, og dyp derefter bøfferne i denne marinade. Dæk godt til og stil på køl i 30 minutter.

Læg bøfferne med marinaden i en stor, vakuumforseglet pose. Klem posen for at fjerne luften og luk låget. Bag sous vide ved 131 grader i 40 minutter.

Tag bøfferne ud af posen og læg dem på køkkenpapir. Tør let og fjern ukrudt. Varm en pande op ved høj varme. Dyp bøfferne i sesamfrø og kom dem over i gryden. Steg begge sider i 1 minut, og tag derefter af varmen.

krabbekager

Tilberedning + tilberedningstid: 65 minutter | Måltider: 4

Materialer:

1 kilo krabbekød
1 kop rødløg, finthakket
½ kop finthakket rød peber
2 spsk fintkværnet peber
1 spsk bladselleri, hakket
1 spsk persilleblade, hakket
½ tsk estragon, finthakket
Salt og peber efter smag
4 spiseskefulde olivenolie
2 spsk mandelmel
3 røræg

Instruktioner:

Varm 2 spsk olivenolie i en gryde og tilsæt løget. Steg til de er gyldenbrune og tilsæt hakket paprika og peber. Kog i 5 minutter under konstant omrøring.

Overfør til en stor skål. Tilsæt krabbekød, selleri, persille, estragon, salt, peber, malede mandler og æg. Bland godt og form frikadeller med en diameter på 2 cm. Del forsigtigt sconesene i 2 vakuumposer og forsegl dem. Bages i sous vide ved 122 F i 40 minutter.

Opvarm den resterende olie i en slip-let pande ved høj varme. Fjern burgerne fra bain-marie og kom dem over i gryden. Steg let på begge sider i 3-4 minutter og server.

chili te

Tilberedning + tilberedningstid: 1 time 15 minutter | Måltider: 5

Materialer:

1 kilo frisk duft

½ kop citronsaft

3 fed hvidløg, knust

1 spiseskefuld salt

1 kop ekstra jomfru olivenolie

2 spsk frisk dild, hakket

1 spsk koriander, hakket

1 spsk peber, finthakket

Instruktioner:

Skyl og fjern lugt under koldt rindende vand. Læg til side.

I en stor skål blandes olivenolien med citronsaft, presset hvidløg, havsalt, hakket dild, hakket purløg og sort peber. Tilsæt krydderierne til denne blanding og læg låg på. Afkøl i 20 minutter.

Tag ud af køleskabet og læg i en stor vakuumpose med marinade. Kog sous vide ved 104 F i 40 minutter. Fjern fra bain-marie og si, adskille væsken.

Varm en stor stegepande op over medium varme. Tilsæt krydderier og rør kort i 3-4 minutter. Tag fra varmen og kom over på en tallerken. Hæld marinaden over og server med det samme.

Marineret havkatfilet

Tilberedning + tilberedningstid: 1 time 20 minutter | Måltider: 3

Materialer:

1 kilo havkatfilet

½ kop citronsaft

½ kop hakket persilleblade

2 fed hvidløg, knust

1 kop løg, hakket

1 spsk frisk dild, hakket

1 spsk friske rosmarinblade, hakket

2 kopper friskpresset æblejuice

2 spsk dijonsennep

1 kop ekstra jomfru olivenolie

Instruktioner:

I en stor skål blandes citronsaft, persilleblade, knust hvidløg, hakket løg, frisk dild, rosmarin, æblejuice, sennep og olivenolie. Rør indtil godt blandet. Dyp fileterne i denne blanding og dæk dem med et tæt låg. Stil på køl i 30 minutter.

Tag den ud af køleskabet og kom den i 2 vakuumposer. Dæk sous vide og bag ved 122 F i 40 minutter. Fjern og dræn; reserve væske Server med din egen væske.

citron reje salsa

Tilberedning + tilberedningstid: 35 minutter | Måltider: 4

Materialer:

12 store rejer, pillede og rensede
1 spiseskefuld salt
1 spiseskefuld sukker
3 spiseskefulde olivenolie
1 laurbærblad
1 kvist persille, hakket
2 spsk citronskal
1 spsk citronsaft

Instruktioner:

Forbered en bain-marie, læg Sous Vide i den og indstil den til 156F. Tilsæt rejer, salt og sukker i en skål, bland og lad det stå i 15 minutter. Læg rejer, laurbærblade, olivenolie og citronskal i vakuumposen. Evakuer og forsegl luften ved hjælp af vandfortrængningsmetoden. Nedsænk i badet og kog i 10 minutter. Når timeren stopper, skal du fjerne og åbne posen. Fyld rejerne og pensl med citronsaft.

Sous Vide helleflynder

Tilberedning + tilberedningstid: 1 time 20 minutter | Måltider: 4

Materialer:

1 kilo skrubbefilet
3 spiseskefulde olivenolie
¼ kop skalotteløg, finthakket
1 tsk frisk citronskal
½ tsk tørret timian, stødt
1 spsk frisk persille, finthakket
1 tsk frisk dild, hakket
Salt og peber efter smag

Instruktioner:

Vask fisken under koldt rindende vand og tør med køkkenpapir. Skær i tynde skiver, drys rigeligt med salt og peber. Læg i en stor vakuumforseglet pose og tilsæt to spiseskefulde olivenolie. Smag til med purløg, timian, persille, dild, salt og peber efter smag.

Klem posen for at fjerne luften og luk låget. Ryst posen for at beklæde alle fileterne med krydderierne og stil den på køl i 30 minutter før tilberedning. Kog sous vide ved 131 F i 40 minutter.

Tag posen op af vandet og lad den køle lidt af. Lægges på køkkenpapir og dryppes af. Fjern krydderurterne.

Opvarm den resterende olie i en stor pande ved høj varme. Tilsæt fileten og steg i 2 minutter. Vend fileterne og steg dem i cirka 35-40 sekunder, og tag dem derefter af varmen. Læg fisken tilbage på et køkkenrulle og fjern overskydende olie. Server nu.

Citronsmørbund

Tilberedning + tilberedningstid: 45 minutter | Måltider: 3

Materialer:

3 fileter af tunge
1½ spsk usaltet smør
¼ kop citronsaft
½ tsk citronskal
citronpeber efter smag
1 kvist persille til pynt

Instruktioner:

Tag et vandbad, sæt Sous Vide i det og sæt det til 132F. Tør bunden og anbring i 3 separate vakuumposer. Klem luften ud og forsegl poserne ved hjælp af vandfortrængningsmetoden. Nedsænk i et vandbad og indstil timeren til 30 minutter.

Sæt en lille pande på medium varme, tilsæt smør. Når den er smeltet, fjernes den fra varmen. Tilsæt citronsaft og citronskal og bland.

Når timeren stopper, skal du fjerne og åbne posen. Læg brasenfileterne på serveringsfade, dryp med smørsauce og pynt med persille. Server med dampede grønne grøntsager ved siden af.

basilikum torsk

Tilberedning + tilberedningstid: 50 minutter | Måltider: 4

Materialer:

1 pund torskefileter

1 kop ristede tomater

1 spsk tørret basilikum

1 glas fiskesuppe

2 spiseskefulde tomatpure

3 stilke selleri, hakket

1 gulerod, skåret i skiver

¼ kop olivenolie

1 løg, finthakket

½ kop svampe

Instruktioner:

Varm olien op i en stor stegepande ved middel varme. Tilsæt selleri, løg og gulerod. Bages i 10 minutter. Fjern fra varmen og kom i en vakuumpose med resten af ingredienserne. Bages i sous vide ved 122 F i 40 minutter.

simpel tilapia

Tilberedning + tilberedningstid: 1 time 10 minutter | Måltider: 3

Materialer

3 (4 oz.) tilapiafileter
3 spiseskefulde smør
1 spsk æblecidereddike
Salt og peber efter smag

Instruktioner:

Forbered en bain-marie, læg Sous Vide i den og indstil den til 124F. Krydr tilapiaen med peber og salt og kom den i en vakuumpose. Fjern luften ved hjælp af vandfortrængningsmetoden og forsegl posen. Dyp ned i postevand og indstil timeren til 1 time.

Når timeren stopper, skal du fjerne og åbne posen. Stil gryden over middel varme og tilsæt smør og eddike. Kog under konstant omrøring, indtil eddiken er reduceret til det halve. Tilsæt tilapiaen og steg let. Hvis du har lyst, tilsæt salt og peber. Server med smurte grøntsager.

laks med asparges

Tilberedning + tilberedningstid: 3 timer 15 minutter | Måltid: 6

Materialer:

1 kg vildlaksefilet

1 spsk olivenolie

1 spsk tørret timian

12 mellemstore asparges

4 ringe hvidløg

1 spsk frisk persille

Salt og peber efter smag

Instruktioner:

Krydr begge sider af fileten med timian, salt og peber og pensl let med olivenolie.

Placer i et stort, forseglet vakuum med andre materialer. Bland alle krydderierne i en skål. Fordel blandingen jævnt på begge sider af bøffen og læg den i en stor vakuumpose. Luk posen og kog sous vide i 3 timer ved 136F.

makrel karry

Tilberedning + tilberedningstid: 55 minutter | Måltider: 3

Materialer:

3 hovedløse makrelfileter
3 spsk karrypasta
1 spsk olivenolie
Salt og peber efter smag

Instruktioner:

Forbered en bain-marie, kom Sous Vide i den og sæt den til 120F. Krydr makrellen med peber og salt, og kom den derefter i en vakuumpose. Aspirer luften ved hjælp af vandfortrængningsmetoden, forsegl og nedsænk i et vandbad og indstil timeren til 40 minutter.

Når timeren stopper, skal du fjerne og åbne posen. Sæt gryden på medium varme, tilsæt olivenolie. Dæk makrellen med karry (må ikke tørre makrellen)

Når den er varm tilsættes makrellen og steges til den er gyldenbrun. Server med dampede grønne bladgrøntsager ved siden af.

blæksprutte rosmarin

Tilberedning + tilberedningstid: 1 time 15 minutter | Måltider: 3

Materialer:

1 kg frisk blæksprutte, hele
½ kop ekstra jomfru olivenolie
1 spsk pink Himalaya salt
1 spsk tørret rosmarin
3 fed hvidløg, knust
3 cherrytomater skåret i halve

Instruktioner:

Skyl hver blæksprutte grundigt under rindende vand. Fjern og rengør hovedet af hver blæksprutte med en skarp kniv.

I en stor skål blandes olivenolien med salt, tørret rosmarin, cherrytomater og knust hvidløg. Dyp blæksprutten i denne blanding og stil den på køl i 1 time. Tag den derefter ud og tøm den. Læg blæksprutte og cherrytomater i en stor, vakuumforseglet pose. Bages i en time ved 136 F i sous vide.

Stegte citronrejer

Tilberedning + tilberedningstid: 50 minutter | Måltider: 3

Materialer:

1 pund rejer, pillet og deveiret

3 spiseskefulde olivenolie

½ kop friskpresset citronsaft

1 fed hvidløg, knust

1 tsk friskkværnet rosmarin

1 tsk havsalt

Instruktioner:

Bland olivenolie med citronsaft, presset hvidløg, rosmarin og salt. Brug en køkkenbørste, beklæd hver reje med blandingen og læg den i en stor vakuumforseglet pose. Bages i sous vide ved 104 F i 40 minutter.

grillet blæksprutte

Tilberedning + tilberedningstid: 5 timer 20 minutter | Måltider: 3

Materialer:

½ kg mellem blæksprutte tentakler, blancheret

Salt og peber efter smag

3 spsk + 3 spsk olivenolie

2 spsk tørret timian

2 kviste frisk persille, hakket

Is til isbadet

Instruktioner:

Forbered en dobbeltkedel, sæt i Sous Vide og indstil til 171F.

Kom blæksprutten, salt, 3 spsk olivenolie og peber i vakuumposen. Blæs luften ud ved hjælp af vandfortrængningsmetoden, forsegl posen og nedsænk den i et vandbad. Indstil timeren til 5 timer.

Når timeren stopper, skal du fjerne posen og dække med et isbad. Læg til side. Forvarm grillen.

Når grillen er varm, tages blæksprutten på en tallerken, tilsættes 3 spsk olivenolie og masseres. Grill blæksprutten indtil begge sider er godt brune. Arranger blæksprutten og pynt med persille og timian. Server med sød og krydret sauce.

vild laksebøf

Tilberedning + tilberedningstid: 1 time 25 minutter | Måltider: 4

Materialer:

2 kg vildlaksebøf
3 fed hvidløg, knust
1 spsk frisk rosmarin, hakket
1 spsk friskpresset citronsaft
1 spsk friskpresset appelsinjuice
1 tsk appelsinskal
1 tsk pink Himalaya salt
1 glas fiskesuppe

Instruktioner:

Bland appelsinsaften med citronsaft, rosmarin, hvidløg, appelsinskal og salt. Beklæd hver bøf med blandingen og stil den på køl i 20 minutter. Overfør til en stor, vakuumforseglet pose og tilsæt fiskefonden. Luk posen og kog sous vide ved 131 F i 50 minutter.

Varm en stor slip-let stegepande op. Fjern bøfferne fra vakuumposen og grill i 3 minutter på hver side, indtil de er let brunede.

tilapia gryderet

Tilberedning + tilberedningstid: 65 minutter | Måltider: 3

Materialer:

1 kg tilapiafilet

½ kop løg, hakket

1 kop gulerødder, hakket

½ kop korianderblade, hakket

3 fed hvidløg, finthakket

1 kop finthakket grøn peber

1 tsk italiensk krydderblanding

1 tsk cayennepeber

½ tsk peber

1 kop frisk tomatjuice

Salt og peber efter smag

3 spiseskefulde olivenolie

Instruktioner:

Varm olien op ved middel varme. Tilsæt det hakkede løg og steg til det er gennemsigtigt.

Tilsæt nu peberfrugt, gulerødder, hvidløg, koriander, italiensk krydderi, paprika, sort peber, salt og peber. Bland godt og kog i yderligere ti minutter.

Fjern fra varmen og overfør til en stor vakuumforseglet pose sammen med tomatjuice og tilapiafileter. Bag sous vide ved 122 F i 50 minutter. Fjern fra bain-marie og server.

Smør Chili Kylling

Tilberedning + tilberedningstid: 1 time 30 minutter | Måltider: 2

Materialer:

4 ounce østers på dåse

¼ kop tør hvidvin

1 stilk selleri, hakket

1 terning mandioquinha

1 kvarteret skalotteløg

1 laurbærblad

1 spsk sort peber

1 spsk olivenolie

8 spsk smør ved stuetemperatur

1 spsk hakket frisk persille

2 fed hvidløg, finthakket

salt efter smag

1 tsk friskkværnet sort peber

¼ kop panko-krummer

1 baguette, skåret i skiver

Instruktioner:

Forbered en bain-marie og sæt den til Sous Vide. Indstil til 154F. Læg østers, skalotteløg, selleri, pastinak, vin, paprika, olivenolie og laurbærblade i en genlukkelig pose. Blæs luften ud ved hjælp af vandfortrængningsmetoden, forsegl posen og nedsænk den i et vandbad. Bages i 60 minutter.

Brug en blender til at tilsætte smør, persille, salt, hvidløg og peber. Bland ved middel hastighed. Kom blandingen i en plastikpose og rul den sammen. Stil den i køleskabet og lad den køle af.

Når timeren stopper, skal du fjerne sneglene og grøntsagerne. Kassér kogevæsken. Varm en pande op ved høj varme. Pensl skorpen med smør, drys med brødkrummer og bag i 3 minutter for at smelte. Server med skiver af varm baguette.

koriandrørred

Tilberedning + tilberedningstid: 60 minutter | Måltider: 4

Materialer:

2 kilo ørred, 4 stk

5 fed hvidløg

1 spsk havsalt

4 spiseskefulde olivenolie

1 kop korianderblade, hakket

2 spsk hakket rosmarin

¼ kop friskpresset citronsaft

Instruktioner:

Rens og vask fisken godt. Tør med køkkenpapir og drys med salt. Bland hvidløget med olivenolie, koriander, rosmarin og citronsaft. Fyld hver fisk med denne blanding. Læg den i en separat vakuumpose og forsegl den. Bag sous vide ved 131 F i 45 minutter.

blæksprutteringe

Tilberedning + tilberedningstid: 1 time 25 minutter | Måltider: 3

Materialer:

2 kopper blæksprutteringe

1 spsk frisk rosmarin

Salt og peber efter smag

½ kop olivenolie

Instruktioner:

I en stor ren plastikpose, smid blæksprutteringene med rosmarin, salt, peber og olie. Luk posen og ryst den flere gange for at dække den godt. Overfør til en stor vakuumforseglet pose og forsegl. Bag sous vide i 1 time og 10 minutter ved 131 F. Fjern fra bain-marie og server.

Rejer og avocado salat

Tilberedning + tilberedningstid: 45 minutter | Måltider: 4

Materialer:

1 finthakket rødløg

Saft af 2 citroner

1 spsk olivenolie

¼ tsk havsalt

⅛ tsk hvid peber

1 pund rå rejer, pillet og udvundet

1 tomat i tern

1 hakket avocado

1 grøn peberfrugt, frøet og skåret i skiver

1 spsk hakket koriander

Instruktioner:

Forbered en bain-marie og sæt den til Sous Vide. Indstil til 148F.

Læg citronsaft, rødløg, havsalt, hvid peber, olivenolie og rejer i vakuumposen. Blæs luften ud ved hjælp af vandfortrængningsmetoden, forsegl posen og nedsænk den i et vandbad. Bages i 24 minutter.

Når timeren stopper, skal du fjerne posen og overføre den til et isvandsbad i 10 minutter. Bland tomater, avocado, grøn peber og koriander i en skål. Hæld posens indhold ovenpå.

Smør havbrasen med citrus safransauce

Tilberedning + tilberedningstid: 55 minutter | Måltider: 4

Materialer

4 rene pølser

2 skeer smør

Salt og peber efter smag

Til citrussaucen

1 citron

1 grapefrugt

1 citron

3 appelsiner

1 tsk dijonsennep

2 spsk rapsolie

1 gult løg

1 finthakket zucchini

1 tsk safran tråd

1 tsk hakket paprika

1 spiseskefuld sukker

3 glas fiskesauce

3 spsk hakket koriander

instruktioner

Forbered en bain-marie og sæt den til Sous Vide. Indstil til 132F. Krydr mørbradfileterne med salt og peber, og kom dem derefter i en vakuumpose. Blæs luften ud ved hjælp af vandfortrængningsmetoden, forsegl posen og nedsænk den i et vandbad. Bages i 30 minutter.

Skræl frugten og skær den i tern. Varm olien op i en gryde ved middel varme, og tilsæt derefter løg og zucchini. Steg i 2-3 minutter. Tilsæt jordbær, safran, peber, sennep og sukker. Kog i yderligere 1 minut. Tilsæt fisken og kog i 10 minutter. Pynt med koriander og stil til side. Når timeren stopper, fjern fisken og læg den på en tallerken. Hæld safran-citrussaucen over og server.

Torskefilet med sesamskorpe

Tilberedning + tilberedningstid: 45 minutter | Måltider: 2

Materialer

1 stor torskefilet
2 spiseskefulde sesampasta
1½ spsk brun farin
2 spsk fiskesauce
2 skeer smør
sesam

instruktioner

Forbered en bain-marie og sæt den til Sous Vide. Indstil til 131F.

Dyp torsken i en blanding af farin, sesampasta og fiskesauce. Læg det i en vakuumpose. Blæs luften ud ved hjælp af vandfortrængningsmetoden, forsegl posen og nedsænk den i et vandbad. Bages i 30 minutter. Smelt smørret i en gryde ved middel varme.

Når timeren stopper, skal du fjerne torsken og overføre til gryden og dække i 1 minut. Anret på en tallerken. Hæld kogevandet i gryden og kog til vandet er fordampet. Tilsæt 1 spsk smør og bland. Hæld saucen over torsken og pynt med sesamfrø. Server med ris.

Cremet laks med spinat og sennepssauce

Tilberedning + tilberedningstid: 55 minutter | Måltider: 2

jegMaterialer

4 skindfri laksefileter
1 stort bundt spinat
½ kop dijonsennep
1 kop fløde
1 kop halv og halv fløde
1 spsk citronsaft
Salt og peber efter smag

instruktioner

Forbered en bain-marie og sæt den til Sous Vide. Indstil til 115F. Læg i en vakuumpose med krydret laks. Blæs luften ud ved hjælp af vandfortrængningsmetoden, forsegl posen og nedsænk den i et vandbad. Bages i 45 minutter.

Varm en pande op over middel varme og kog spinaten til den er blød. Tag af varmen og tilsæt citronsaft, peber og salt. Fortsæt med at lave mad. Varm en pande op over middel varme og rør halvfløde og dijonsennep i. Reducer varmen og bring det i kog. Tilsæt salt og peber. Når timeren stopper, fjern laksen og læg den på en tallerken. Hæld saucen over. Server med spinat.

Peberrige muslinger med frisk salat

Tilberedning + tilberedningstid: 55 minutter | Måltider: 4

Materialer

1 pund muslinger

1 tsk hvidløgspulver

½ tsk løgpulver

½ tsk paprika

¼ tsk cayennepeber

Salt og peber efter smag

salat

3 kopper majskerner

½ liter cherrytomater, skåret i halve

1 hakket rød peberfrugt

2 spsk hakket frisk persille

tag det på

1 spsk frisk basilikum

1 kvart citron

instruktioner

Forbered en bain-marie og sæt den til Sous Vide. Indstil til 122F.

Læg skallerne i en vakuumpose. Tilsæt salt og peber. Bland hvidløgspulver, paprika, løg og cayennepeber i en skål. Hæld det i. Blæs luften ud ved hjælp af vandfortrængningsmetoden, forsegl posen og nedsænk den i et vandbad. Bages i 30 minutter.

I mellemtiden forvarm ovnen til 400F. Læg majskerner og peberfrugt på bagepladen. Dryp med olivenolie og krydr med salt og peber. Kog i 5-10 minutter. Overfør til en skål og bland med persille. Bland saucens ingredienser i en skål og hæld majskernerne over.

Når timeren stopper, skal du fjerne posen og overføre den til den varme gryde. Luk i 2 minutter på begge sider. Anret på et fad, skaller og salat. Pynt med basilikum og citronbåde.

Krydrede muslinger med mango

Tilberedning + tilberedningstid: 50 minutter | Måltider: 4

Materialer

1 kilo stor kam

1 spiseskefuld smør

sos

1 spsk citronsaft

2 spsk olivenolie

udstyr

1 spsk citronskal

1 spsk appelsinskal

1 kop hakket mango

1 serrano peber, skåret i tynde skiver

2 spsk hakkede mynteblade

instruktioner

Læg skallerne i en vakuumpose. Tilsæt salt og peber. Lad det køle af natten over i køleskabet. Forbered en bain-marie og sæt den til Sous Vide. Indstil til 122F. Blæs luften ud ved hjælp af vandfortrængningsmetoden, forsegl posen og nedsænk den i et vandbad. Bages i 15-35 minutter.

Varm en pande op ved middel varme. Bland saucens ingredienser godt i en skål. Når timeren stopper, skal du fjerne kammuslingerne, overføre dem til gryden og stege, indtil de er gyldenbrune. Anret på en tallerken. Hæld saucen over og tilsæt ingredienserne til pynt.

Porre og rejer med sennepsvin

Tilberedning + tilberedningstid: 1 time 20 minutter | Måltider: 4

jegMaterialer

6 løjtnanter
5 spiseskefulde olivenolie
Salt og peber efter smag
1 skalotteløg, finthakket
1 spsk riseddike
1 tsk dijonsennep
1/3 pund kogte brune rejer
hakket frisk persille

instruktioner

Forbered en bain-marie og sæt den til Sous Vide. Indstil til 183F.

Skær toppen af porrerne af og fjern bunden. Vask dem i koldt vand og dryp med 1 spsk olivenolie. Tilsæt salt og peber. Læg det i en vakuumpose. Blæs luften ud ved hjælp af vandfortrængningsmetoden, forsegl posen og nedsænk den i et vandbad. Kog i 1 time.

I mellemtiden, til salatdressingen, kombinere spidskål, dijonsennep, eddike og 1/4 kop olivenolie i en skål. Tilsæt salt og peber. Når timeren stopper, skal du fjerne posen og overføre den til isvandsbadet. Lad afkøle. Læg porrerne på 4 tallerkener og drys med salt. Tilsæt rejerne og dryp med salatdressingen. Pynt med persille.

Kokos rejesuppe

Tilberedning + tilberedningstid: 55 minutter | Måltid: 6

Materialer

8 store rå rejer, pillet og udvundet

1 spiseskefuld smør

Salt og peber efter smag

til suppen

1 kilo zucchini

4 spiseskefulde citronsaft

2 gule løg, finthakket

1-2 små røde peberfrugter, hakket

1 citrongræs, kun hvid del, finthakket

1 spsk rejepasta

1 spiseskefuld sukker

1½ dl kokosmælk

1 tsk tamarindpasta

1 glas vand

½ kop kokosfløde

1 spsk fiskesauce

2 spsk friskhakket basilikum

instruktioner

Forbered en bain-marie og sæt den til Sous Vide. Indstil til 142F. Læg rejer og smør i en vakuumforseglbar pose. Tilsæt salt og peber. Blæs luften ud ved hjælp af vandfortrængningsmetoden, forsegl posen og nedsænk den i et vandbad. Bages i 15-35 minutter.

Skræl imens zucchinien og fjern kernerne. Skær i tern. Tilsæt løg, citrongræs, chili, rejepasta, sukker og 1/2 kop kokosmælk i en foodprocessor. Blend indtil glat.

Varm en pande op ved svag varme og tilsæt løgblandingen, den resterende kokosmælk, tamarindpasta og vand. Tilsæt zucchinien og kog i 10 minutter.

Når timeren stopper, fjern rejerne og tilsæt dem til bouillonen. Bland kokosfløde, citronsaft og basilikum. Server i suppeskåle.

Honning laks med soba nudler

Tilberedning + tilberedningstid: 40 minutter | Måltider: 4

Materialer

<u>Laks</u>

6 ounce skin-on laksefileter

Salt og peber efter smag

1 tsk sesamolie

1 kop olivenolie

1 spsk friskrevet ingefær

2 spiseskefulde honning

<u>sesamrum</u>

4 ounce tørre soba nudler

1 spsk vindruekerneolie

2 fed hvidløg, finthakket

½ hoved blomkål

3 spiseskefulde tahin

1 tsk sesamolie

2 spsk olivenolie

¼ presset citron

1 grøn løgstængel i skiver

¼ kop koriander, groft hakket

1 tsk ristede valmuefrø

Limeskiver til pynt

Sesam til pynt

2 spsk hakket koriander

instruktioner

Forbered en bain-marie og sæt den til Sous Vide. Indstil til 123F. Krydr laksen med salt og peber. Bland sesamolie, olivenolie, ingefær og honning i en skål. Læg laks og blandingen i en vakuumpose. Balancer godt. Blæs luften ud ved hjælp af vandfortrængningsmetoden, forsegl posen og nedsænk den i et vandbad. Kog i 20 minutter.

Tilbered imens soba-nudlerne. Varm vindruekerneolien op på en pande ved høj varme og steg blomkål og hvidløg heri i 6-8 minutter. I en skål blandes tahin, olivenolie, sesamolie, citronsaft, koriander, purløg og ristede sesamfrø grundigt. Si pastaen og tilsæt den til blomkålen.

Varm en pande op ved høj varme. Dæk med bagepapir. Når timeren stopper, fjernes laksen og overføres til gryden. Grill i 1 minut. Anret pastaen i to skåle og tilsæt laksen. Pynt med citronskiver, valmuefrø og koriander.

Gourmet hummer med mayonnaise

Tilberedning + tilberedningstid: 40 minutter | Måltider: 2

Materialer

2 hummerhaler
1 spiseskefuld smør
2 søde løg, finthakket
3 spiseskefulde mayonnaise
salt efter smag
en knivspids sort peber
2 spsk citronsaft

instruktioner

Forbered en bain-marie og sæt den til Sous Vide. Indstil til 138F.

Kog vandet i en gryde ved høj varme. Skræl hummerhalen og sænk den i vand. Bages i 90 sekunder. Overfør til et isbad. Lad afkøle i 5 minutter. Knæk skallerne op og fjern halerne.

Læg den smørsmurte kålrabi i en vakuumpose. Blæs luften ud ved hjælp af vandfortrængningsmetoden, forsegl posen og nedsænk den i et vandbad. Bages i 25 minutter.

Når timeren stopper, fjern og tør halerne. Sidesæde. Lad afkøle i 30 minutter. Bland mayonnaise, sødt løg, peber og citronsaft i en skål. Hak kålrabien, tilsæt den til mayonnaiseblandingen og bland godt. Server med ristet brød.

reje cocktailparty

Tilberedning + tilberedningstid: 40 minutter | Måltider: 2

Materialer

1 pund rejer, pillet og deveiret

Salt og peber efter smag

4 spsk hakket frisk dild

1 spiseskefuld smør

4 spiseskefulde mayonnaise

2 spsk grønne løg, hakket

2 teskefulde friskpresset citronsaft

2 spiseskefulde tomatpure

1 spsk tabasco sauce

4 rektangulære boller

8 salatblade

½ skive citron

instruktioner

Forbered en bain-marie og sæt den til Sous Vide. Indstil til 149F. Til krydring blandes mayonnaise, purløg, citronsaft, tomatpuré og Tabasco sauce. Tilsæt salt og peber.

Læg rejer og krydderier i en vakuumpose. Tilsæt 1 spsk dild og 1/2 spsk smør til hver pakke. Blæs luften ud ved hjælp af vandfortrængningsmetoden, forsegl posen og nedsænk den i et vandbad. Bages i 15 minutter.

Forvarm ovnen til 400 F og bag rullerne i 15 minutter. Når timeren stopper, skal du fjerne og tømme posen. Læg rejerne i en skål med saucen og bland godt. Server på citronsalatruller.

Urte citron laks

Tilberedning + tilberedningstid: 45 minutter | Måltider: 2

Materialer

2 skindfri laksefileter
Salt og peber efter smag
¾ kop ekstra jomfru olivenolie
1 skalotteløg skåret i tynde ringe
1 spsk basilikumblade, hakket
1 tsk allehånde
3 ounces blandede greens
1 citron

instruktioner

Forbered en bain-marie og sæt den til Sous Vide. Indstil til 128F.

Læg laksen i en vakuumpose, krydr med salt og peber. Tilsæt løgringe, olivenolie, allehånde og basilikum. Blæs luften ud ved hjælp af vandfortrængningsmetoden, forsegl posen og nedsænk den i et vandbad. Bages i 25 minutter.

Når timeren stopper, fjern posen og læg laksen over på en tallerken. Bland kogevandet med lidt citronsaft og læg laksefileten ovenpå. Skorsten.

Saltet smør hummerhale

Tilberedning + tilberedningstid: 1 time 10 minutter | Måltider: 2

Materialer

8 spiseskefulde smør

2 hummerhaler, skal fjernet

2 kviste frisk estragon

2 spsk salvie

salt efter smag

citronskiver

instruktioner

Forbered en bain-marie og sæt den til Sous Vide. Indstil til 134F.

Læg hummerhale, smør, salt, salvie og estragon i en vakuumpose. Blæs luften ud ved hjælp af vandfortrængningsmetoden, forsegl posen og nedsænk den i et vandbad. Bages i 60 minutter.

Når timeren stopper, fjern posen og overfør hummeren til en tallerken. Fordel smør over det. Pynt med citronskiver.

Thai laks med blomkål og ægnudler

Tilberedning + tilberedningstid: 55 minutter | Måltider: 2

Materialer

2 laksefileter med skind

Salt og peber efter smag

1 spsk olivenolie

4½ spsk sojasovs

2 spsk malet frisk ingefær

2 tynde skiver thailandske peberfrugter

6 spiseskefulde sesamolie

4 ounce forberedte ægnudler

6 ounce kogte blomkålsbuketter

5 teskefulde sesam

instruktioner

Forbered en bain-marie og sæt den til Sous Vide. Indstil til 149F. Forbered en bageplade beklædt med folie og læg laksen på den, krydr med salt og peber, og dæk derefter med endnu et lag folie. Bages i ovnen i 30 minutter.

Læg den kogte laks i en vakuumpose. Blæs luften ud ved hjælp af vandfortrængningsmetoden, forsegl posen og nedsænk den i et vandbad. Kog i 8 minutter.

Bland ingefær, paprika, 4 spsk sojasovs og 4 spsk sesamolie i en skål. Når timeren stopper, fjern posen og overfør laksen til skålen med pastaen. Pynt med ristede frø og lakseskind. Dryp med ingefær-pebersauce og server.

Nem havaborre med dild

Tilberedning + tilberedningstid: 35 minutter | Måltider: 3

Materialer

1 kilo chilensk havaborre uden skind
1 spsk olivenolie
Salt og peber efter smag
1 spsk dild

instruktioner

Forbered en bain-marie og sæt den til Sous Vide. Indstil til 134F. Krydr havbarsen med salt og peber og læg den i en vakuumpose. Tilsæt dild og olivenolie. Blæs luften ud ved hjælp af vandfortrængningsmetoden, forsegl posen og nedsænk den i et vandbad. Bages i 30 minutter. Når tiden er gået, fjern posen og læg havbarsen på en tallerken.

Frittata med sød peber og rejer

Tilberedning + tilberedningstid: 40 minutter | Måltid: 6

Materialer

1½ pund rejer

3 tørrede røde peberfrugter

1 spsk revet ingefær

6 fed hvidløg, hakket

2 spsk champagne

1 spsk sojasovs

2 spsk sukker

½ tsk majsstivelse

3 grønne løg, hakket

instruktioner

Forbered en bain-marie og sæt den til Sous Vide. Indstil til 135F.

Rør ingefær, hvidløgsfed, paprika, champagne, sukker, sojasovs og majsstivelse i. Læg de pillede rejer med blandingen i en vakuumpose. Brug vandfortrængningsmetoden til at trække luften ud, forsegle den og nedsænke den i et vandbad. Bages i 30 minutter.

Læg de grønne løg i en gryde ved middel varme. Tilsæt olie og kog i 20 sekunder. Når timeren stopper, fjern de kogte rejer og læg dem i en skål. Pynt med løg. Server med ris.

Frugtfulde thairejer

Tilberedning + tilberedningstid: 25 minutter | Måltider: 4

Materialer

2 kilo rejer, pillet og udvundet

4 pillede og hakkede papayaer

2 skalotteløg, skåret i skiver

¾ kop cherrytomater, skåret i halve

2 spsk hakket basilikum

¼ kop ristede tørrede jordnødder

Thai sauce

¼ kop citronsaft

6 spiseskefulde sukker

5 spiseskefulde fiskesauce

4 fed hvidløg

4 små røde peberfrugter

instruktioner

Forbered en bain-marie og sæt den til Sous Vide. Indstil til 135F. Placer rejerne i en vakuumforseglbar pose. Blæs luften ud ved hjælp af vandfortrængningsmetoden, forsegl posen og nedsænk den i et vandbad. Bages i 15 minutter. Bland citronsaft, fiskesauce og sukker godt sammen i en skål. Knus hvidløg og rød peber. Tilsæt til krydderiblandingen.

Når timeren stopper, fjern rejerne fra posen og læg dem i en skål. Tilsæt papaya, thaibasilikum, spidskål, tomater og peanuts. Hæld saucen i glas.

Dublin mad med citronrejer

Tilberedning + tilberedningstid: 1 time 15 minutter | Måltider: 4

Materialer

4 spiseskefulde smør

2 spsk citronsaft

2 fed frisk hvidløg, finthakket

1 tsk frisk citronskal

Salt og peber efter smag

1 pund jumbo rejer, pillet og udvundet

½ kop panko mel

1 spsk frisk persille, hakket

instruktioner

Forbered en bain-marie og sæt den til Sous Vide. Indstil til 135F.

Varm 3 spsk smør i en gryde ved middel varme og tilsæt citronsaft, salt, peber, hvidløg og skal. Lad afkøle i 5 minutter. Læg rejerne og blandingen i en vakuumpose. Blæs luften ud ved hjælp af vandfortrængningsmetoden, forsegl posen og nedsænk den i et vandbad. Bages i 30 minutter.

Varm imens smørret op i en mellemstor gryde og steg pankomelet heri. Når timeren stopper, skal du fjerne rejerne, overføre dem til en varm pande og koge med kogevandet. Server i 4 suppeskåle og drys med rasp.

Saftige muslinger med peber- og hvidløgssauce

Tilberedning + tilberedningstid: 75 minutter | Måltider: 2

Materialer

2 spsk gul karry

1 spsk tomatpuré

½ kop kokosfløde

1 tsk hvidløgssauce

1 spsk citronsaft

6 skaller

Kogte brune ris til servering

hakket frisk koriander

instruktioner

Forbered en bain-marie og sæt den til Sous Vide. Indstil til 134F.

Rør kokosfløde, tomatpure, karry, citronsaft og chili-hvidløgssauce i. Læg blandingen med kammene i en vakuumpose. Blæs luften ud ved hjælp af vandfortrængningsmetoden, forsegl posen og nedsænk den i et vandbad. Bages i 60 minutter.

Når timeren stopper, fjernes posen og overføres til en tallerken. Server over brune ris og pynt med kammuslinger. Pynt med koriander.

Rejer med karrynudler

Tilberedning + tilberedningstid: 25 minutter | Måltider: 2

Materialer

1 pund rejer, haler på

8 oz nudler, kogt og drænet

1 tsk risvin

1 spsk karrypulver

1 spsk sojasovs

1 grønt løg, skåret i skiver

2 spiseskefulde vegetabilsk olie

instruktioner

Forbered en bain-marie og sæt den til Sous Vide. Indstil til 149F. Placer rejerne i en vakuumforseglbar pose. Blæs luften ud ved hjælp af vandfortrængningsmetoden, forsegl posen og nedsænk den i et vandbad. Bages i 15 minutter.

Varm olien op på en pande ved middel varme, og tilsæt derefter risvin, karry og sojasovs. Bland godt og tilsæt pastaen. Når timeren stopper, fjern rejerne og læg oven på pastablandingen. Pynt med grønne løg.

Cremet torsk med persille

Tilberedning + tilberedningstid: 40 minutter | Måltid: 6

Materialer

for torsk

6 torskefileter

salt efter smag

1 spsk olivenolie

3 kviste frisk persille

til saucen

1 glas hvidvin

1 kop halv og halv fløde

1 finthakket hvidløg

2 spsk hakket dild

2 teskefulde sort peber

instruktioner

Forbered en bain-marie og sæt den til Sous Vide. Indstil til 148F.

Læg de krydrede torskefileter i vakuumposer. Tilsæt olivenolie og persille. Blæs luften ud ved hjælp af vandfortrængningsmetoden, forsegl posen og nedsænk den i et vandbad. Bages i 30 minutter.

Varm en pande op over medium varme, tilsæt vin, løg og peber og kog indtil vandet er fordampet. Bland halvt og halvt med fløde, indtil det er tyknet. Når timeren stopper, læg fisken ovenpå og hæld saucen over.

Fransk laksegryde

Tilberedning + tilberedningstid: 2 timer 30 minutter | Måltider: 2

Materialer

½ kilo skindfri laksefilet

1 tsk havsalt

6 spiseskefulde smør

1 finthakket løg

1 fed hvidløg, hakket

1 spsk citronsaft

instruktioner

Forbered en bain-marie og sæt den til Sous Vide. Indstil til 130F. Læg laks, usaltet smør, havsalt, hvidløgsfed, løg og citronsaft i en genlukkelig pose. Blæs luften ud ved hjælp af vandfortrængningsmetoden, forsegl posen og nedsænk den i et vandbad. Kog i 20 minutter.

Når timeren stopper, fjernes laksen og overføres til 8 små skåle. Sød med kogende vand. Lad afkøle i køleskabet i 2 timer. Server med skiver ristet brød.

Salvie laks med kokos kartoffelmos

Tilberedning + tilberedningstid: 1 time 30 minutter | Måltider: 2

Materialer

2 laksefileter med skind

2 spsk olivenolie

2 kviste salvie

4 fed hvidløg

3 skrællede og skåret kartofler

¼ kop kokosmælk

1 bundt regnbue chard

1 spsk revet ingefær

1 spsk sojasovs

havsalt efter smag

instruktioner

Forbered en bain-marie og sæt den til Sous Vide. Indstil til 122F. Læg laks, salvie, hvidløg og olivenolie i en vakuumpose. Blæs luften ud ved hjælp af vandfortrængningsmetoden, forsegl posen og nedsænk den i et vandbad. Kog i 1 time.

Forvarm ovnen til 375F. Smør kartoflerne og bag dem i 45 minutter. Kom kartoflerne i en blender og tilsæt kokosmælken. Tilsæt salt og peber. Pisk i 3 minutter indtil glat.

Opvarm olien i en gryde ved middel varme, og tilsæt derefter ingefær, mangold og sojasovs.

Når timeren stopper, fjernes laksen og overføres til den varme gryde. Steg i 2 minutter. Læg på en tallerken, tilsæt kartoffelmosen og server tildækket med trækul.

Ung blæksprutteskål med dild

Tilberedning + tilberedningstid: 60 minutter | Måltider: 4

Materialer

1 kilo ung blæksprutte
1 spsk olivenolie
1 spsk friskpresset citronsaft
Salt og peber efter smag
1 spsk dild

instruktioner

Forbered en bain-marie og sæt den til Sous Vide. Indstil til 134F. Kom blæksprutten i en vakuumpose. Blæs luften ud ved hjælp af vandfortrængningsmetoden, forsegl posen og nedsænk den i et vandbad. Bages i 50 minutter. Når timeren stopper, fjern og tør blæksprutten. Bland blæksprutten med lidt olivenolie og citronsaft. Smag til med salt, peber og dild.

Saltet laks med hollandaisesauce

Tilberedning + tilberedningstid: 1 time 50 minutter | Måltider: 4

jegMaterialer

4 laksefileter

salt efter smag

hollandaise sauce

4 spiseskefulde smør

1 æggeblomme

1 spsk citronsaft

1 tsk vand

½ skalotteløg, finthakket

en knivspids rød peber

instruktioner

Salt laksen. Lad afkøle i 30 minutter. Forbered en bain-marie og sæt den til Sous Vide. Indstil til 148F. Læg alle sauce ingredienser i en vakuumforseglbar pose. Blæs luften ud ved hjælp af vandfortrængningsmetoden, forsegl posen og nedsænk den i et vandbad. Bages i 45 minutter.

Fjern posen, når timeren stopper. Læg til side. Reducer sous vide-temperaturen til 120 F og læg laksen i en vakuumpose. Blæs luften ud ved hjælp af vandfortrængningsmetoden, forsegl posen og nedsænk den i et vandbad. Bages i 30 minutter. Overfør saucen til en blender og blend indtil den er lysegul. Når timeren stopper, fjern og dup laksen tør. Server toppet med sauce.

www.ingramcontent.com/pod-product-compliance
Lightning Source LLC
Chambersburg PA
CBHW071911110526
44591CB00011B/1636